中国职业隔离与性别工资差异实证研究

赵媛媛 著

中国社会科学出版社

图书在版编目（CIP）数据

中国职业隔离与性别工资差异实证研究/赵媛媛著. —北京：中国社会科学出版社，2024.1
　ISBN 978-7-5227-3018-9

　Ⅰ.①中…　Ⅱ.①赵…　Ⅲ.①性别差异—工资差额—研究—中国　Ⅳ.①F249.24

中国国家版本馆 CIP 数据核字（2024）第 012896 号

出 版 人	赵剑英
责任编辑	李庆红
责任校对	李　锦
责任印制	王　超
出　　版	中国社会科学出版社
社　　址	北京鼓楼西大街甲 158 号
邮　　编	100720
网　　址	http://www.csspw.cn
发 行 部	010-84083685
门 市 部	010-84029450
经　　销	新华书店及其他书店
印　　刷	北京君升印刷有限公司
装　　订	廊坊市广阳区广增装订厂
版　　次	2024 年 1 月第 1 版
印　　次	2024 年 1 月第 1 次印刷
开　　本	710×1000　1/16
印　　张	10.25
插　　页	2
字　　数	143 千字
定　　价	56.00 元

凡购买中国社会科学出版社图书，如有质量问题请与本社营销中心联系调换
电话：010-84083683
版权所有　侵权必究

引　言

大量的经济学和社会学研究证实，在劳动力市场上存在着性别歧视。性别歧视现象在各个国家的劳动力市场中普遍存在，并长期持续。劳动力市场歧视对性别工资差异的影响，一直是研究者们共同关注的问题。

传统的观点在解释性别工资差异的时候，关注的是个人的资历及其报酬率在劳动力市场上的性别差异。随着可利用的微观数据的出现，在充分掌握员工的职业和岗位信息之后，可以进一步分析行业特征、职业特征与企业特征的个人收入效应，以及它们对性别工资差异的影响。

通过理论分析和回顾大量的研究文献，我们不难发现，劳动力市场歧视、职业隔离与性别工资差异三者之间的关系。首先，工资歧视和职业歧视是性别歧视的两种重要表现形式，而两者的直接后果就是分别引起劳动力市场上性别工资差异和职业性别隔离现象的存在。与此同时，职业性别隔离又会对性别工资差异产生重要的影响。

中国从新中国成立初期直至1978年改革之前，由于政府大力倡导男女平等，在经济上实行男女"同工同酬"制度，性别之间的工资差距比较小，劳动力市场上的性别歧视问题并不明显。然而，在经济体制改革的推进过程中，由于"男尊女卑"的传统性别观念的影响以及劳动法律法规不完善等原因，女性在就业过程中遭受性别歧视的现象屡见不鲜。工资制度改革，使得政府在工资设定方面的管制越来越弱，而企业管理者们在工资制定上具有越来越大的自主权,于是,在计划经济时期几乎被忽略的性别工资差距问题凸显出来。尤其是在20世纪90年代后期,中国城镇职工的性别工资差距逐渐扩大,引起社会各界普遍关注。

不仅如此,男女在职业获得上也存在着很大差距。随着女性就业率不断上升,越来越多的女性将工作视为生命的一部分。然而,职业性别隔离现象的存在,却使女性在就业过程中处于与男性不完全均衡的状态。这在某种程度上会打击女性的工作热情,也会给女性的收入带来不公平的待遇。

在本书中,我们将以中国经济体制改革为研究背景,利用中国2010年全国人口普查数据与"中国雇主—雇员匹配数据追踪调查"2012年调查数据,通过对中国劳动力市场上的职业性别隔离水平及其对性别工资差异的影响进行实证研究,希望更为确切地得知:在中国的劳动力市场上,职业性别隔离水平的发展趋势和现状;性别工资差异在多大程度上是由于男女自身差异引起的,又在多大程度上是由劳动力市场歧视导致的;男女性别工资差异中,职业性别隔离的影响程度及其影响机制等一系列问题。从而为有效缩小现实中的性别工资差异提供依据。

我们将从四个问题着手进行分析和讨论:

第一个问题,中国劳动力市场上,职业性别隔离程度的变化趋势,以及职业性别隔离水平的现状如何?

第二个问题,个人收入效应的主要影响因素对性别工资差异的贡献程度如何?其中,职业性别隔离(主要指行业间隔离和职业间隔离)对性别工资差异的影响如何?

第三个问题,在考虑"女性特征"的基础上,进一步分析职业性别隔离,尤其是行业内、职业内和企业内的性别隔离对性别工资差异的贡献程度。

第四个问题,在考虑企业固定效应的条件下,分析不同的企业之间,职业性别隔离对性别工资差异的影响程度如何?

目 录

第一章　中国职业隔离水平的趋势分析 …………………… 1

　第一节　职业隔离及其成因 ………………………………… 1
　第二节　文献回顾 …………………………………………… 7
　第三节　测量方法 …………………………………………… 9
　第四节　职业性别隔离水平 ………………………………… 11
　第五节　结论 ………………………………………………… 27

第二章　中国雇主—雇员匹配数据 ………………………… 30

　第一节　雇主—雇员匹配数据 ……………………………… 30
　第二节　中国雇主—雇员匹配数据 ………………………… 35
　第三节　变量的选择和描述 ………………………………… 40

第三章　中国性别工资差异的全因素影响分析 …………… 54

　第一节　劳动力市场歧视与性别工资差异 ………………… 54
　第二节　中国性别工资差异的主要影响因素 ……………… 60
　第三节　性别工资差异的文献回顾 ………………………… 67
　第四节　研究方法 …………………………………………… 70
　第五节　变量的选取与统计描述 …………………………… 74
　第六节　计量结果 …………………………………………… 82
　第七节　结论 ………………………………………………… 95

第四章 职业隔离对性别工资差异的影响 …………………… 98
  第一节 职业隔离影响性别工资差异的文献回顾 …………… 98
  第二节 计量模型 …………………………………………… 100
  第三节 变量的选取与统计描述 …………………………… 101
  第四节 计量结果 …………………………………………… 107
  第五节 结论 ………………………………………………… 122

第五章 企业间职业隔离对性别工资差异的影响 …………… 124
  第一节 文献回顾 …………………………………………… 125
  第二节 研究方法 …………………………………………… 126
  第三节 变量的选取及统计描述 …………………………… 129
  第四节 计量结果 …………………………………………… 134
  第五节 结论 ………………………………………………… 140

第六章 研究结论 ………………………………………………… 142

参考文献 ……………………………………………………………… 147

第一章 中国职业隔离水平的趋势分析

本章首先介绍新古典经济学对职业性别隔离问题的理论分析，这不仅为理解中国职业性别隔离水平的发展趋势和现状提供了理论基础，也为后面的章节中解释职业隔离对性别工资差异的贡献提供了理论依据。接下来，我们采用统计描述、邓肯指数和标准化邓肯指数等衡量方法，对中国劳动力市场上的职业性别隔离水平进行估计和分析。

第一节 职业隔离及其成因

一 职业隔离的概念

职业隔离并不完全是自然发生的现象，而是属于社会构建的产物。不论是在政府统计还是在民间学术调查中，职业一向是区分劳动者的工作特质与社会经济地位的重要方面。

（一）职业与专业

不同职业所需要的训练、受重视的程度即劳动待遇往往有很大的差异，造成差异的原因之一即是专业化的程度。专业化（professionalization）是指一种职业成功取得专业地位，进而获取报酬与特权的过程。

职业（occupation）是指一个人为了谋生而定期从事的工作。从事同一类型工作（job）的人，即使他们在不同的环境下为不同的雇主工作，也是从事同一职业。在日常用语中，"专业（profession）"

一词有时与"职业"一词互换使用,指有偿的活动 [在这个意义上,"专业(professional)"是"业余(amateur)"的反义词]。也有人用它来指以某种方式完成的工作(work);也就是说,那些有职业道德、态度成熟、着装正式的员工,可能会被认为表现得很"专业(professionally)"。然而,在劳动社会学中,专业(profession)是一种特殊类型的职业(occupation),与其他职业的不同之处在于从业人员所需要的正规训练、技能和专业知识,以及与之相关的典型社会地位。

同一职业(occupation)的人在教育培训、工作条件、工作任务、工作经历等方面可能有很多共同之处。他们可能有相似的收入和晋升机会。他们甚至可能有共同的文化,即在行为、衣着、语言、术语和工作的其他方面有共同的观点和规范。

(二)职业隔离

在讨论职业性别隔离的概念之前,应该先对"隔离"(segregation)这一概念有所了解。20 世纪 70 年代之前,隔离这一概念更多地用于种族的分隔。"种族隔离"是指按照不同种族将人群进行分割,使人们无法同时使用公共空间或者服务。

对"职业隔离"概念比较经典的论述有两个。一个是"在劳动力市场上,当某一个人口群体内部的职业分布与另外一个人口群体内部的职业分布极为不同时,我们就可以说,这两个人口群体之间存在着职业隔离。人口群体的划分主要是依据性别、种族、国籍等做出的,如男性与女性、白人与黑人、本国人与外国人。若职业在这些群体中的分布极为不同,即从事不同职业的男性和女性、白人与黑人、本国人与外国人比例相差悬殊,我们就认为存在着职业性别隔离、职业民族隔离和职业国籍隔离现象"(曾湘泉,2017)。另一个是"当一个人口群体内部的职业分布与其他人口群体内部的职业分布存在很大的差异时,我们就可以说存在职业隔离"(罗纳德·G. 伊兰伯格等,2007)。

广义的职业隔离,是指社会群体在不同职业中的分布差异。这些社会群体往往以性别和种族等既定特征来划分。例如，大多数建筑工人和工程师是男性，而大多数教师和护士是女性。尽管妇女和少数民族在近代历史上取得了重大的社会和政治进步，但她们集中在职业结构中的不利位置的情况依然存在，并继续成为学者研究的主题。这也是社会分层研究的一个特点，因为许多研究人员发现，职业隔离在一定程度上解释了不同社会群体之间经济差距的变化。

由于职业隔离是一种经验现象，随着时间的推移而逐渐发生变化，其概念化和测量方法也发展为更复杂的形式。从概念上讲，隔离是对称的，因为它指的是就业结构中两个群体的分离，目的是消除他们之间的竞争。如果女性与男性分开，那么男性也被与女性分开，因此是对称的。隔离常常与集中混淆，但两者在概念上是不同的。事实上，集中可以被视为更广泛的隔离概念的一部分。然而，与隔离不同，集中并不是对称的，因为女性在一种职业或一系列职业中的比例并不是与男性隔离的固有衡量标准。

(三) 职业性别隔离

在本书中，职业隔离特指由性别歧视导致的职业性别隔离。

Gross (1968) 最早将性别隔离 (sex segregation) 这一概念介绍到学术领域来概括男性和女性集中于不同职业的现象。他指出在劳动力市场中，男性和女性雇员被分配、集中到不同的职业，担任不同性质的工作，即各职业中从业者的性别分布呈现失衡的状态，且进入和升迁通道被大部分某一性别的人所垄断，这就是职业性别隔离。其他研究者将职业性别隔离定义为：大量同性别的人聚集在同一职业内 (Merton, 1957)，或者，男女分别集中于不同的职业内 (Abbott and Wallace, 1996)。Hakim (1979) 认为，女性大多进入职业声望较低或无职业生涯发展的职业，相较而言，男性则进入职业声望高或职业生涯发展前景好的职业。

女性和男性在各种职业中的分布是不均衡的。尽管近年来，情况已经有所改观，但是，女性在工资较高职业中的分布仍然显得不足，同时在工资较低职业中分布的比例仍然过大。用来衡量各种职业类别中男性和女性分布不均匀程度的指标有很多，所采取的基本做法都是，首先，找到女性和男性在当前各种职业中的实际分布情况；其次，再估计出如果男性和女性在各种不同职业中的分布是随机的，其分布状况应该是怎样的；最后，再对两者加以对比。

当然，如前所述，并非所有的性别隔离都是劳动力市场歧视的结果，至少某些职业隔离是由个人在进入劳动力市场之前（比如受教育程度较低），或者是在进入劳动力市场之后（比如在需要进行家庭决策的情况下）所形成的偏好造成的。因此，到目前为止，还没有一种衡量方法能够完全估计出，究竟有多大比例的职业隔离可以归于劳动者在劳动力市场上所遭受的不公平待遇。

尽管可观察到的职业隔离程度在下降，而且我们也无法衡量个人偏好在职业隔离中所起到的作用到底有多大，但这并不意味着不存在歧视。甚至在那些定义得非常细致、具体的职业中，在不同的企业之间，女性和男性也是存在隔离现象的。在经验研究中，职业隔离和工资歧视所产生的共同作用，可能使女性的平均工资降低10%—20%。

种族、国籍在某些国家是职业隔离的决定性力量，但性别所导致的职业隔离是迄今为止劳动力市场上最重要的现象之一，也得到了最为广泛的研究。经济学家、社会学家用"职业性别隔离"来概括这一劳动力市场广泛存在的现象。所谓职业性别隔离是指从性别的角度来分析职业隔离现象，有些职业是女性占主导地位的，而有些职业则是男性占主导地位的。或者说，在不同职业中，男性和女性的分布比例相差悬殊，就意味着存在着职业性别隔离现象。

职业性别隔离现象在我们的社会上并不少见。如护士、幼稚园老师或秘书等，均是仍具有女性标签的工作；男性标签的工作则有卡车司机、飞行机师及技工。除了这些较为极端的例子之外，有些职业虽然同时有不同性别的劳动者担任，但性别标签仍可能是该职业给予一般人的印象。例如：虽然有很多女性都有机会成为工程师，但如果不特别说明，浮现在大家脑海中头戴钢盔的工程师形貌仍是男性。

性别职业隔离的后果之一是使众多劳动者的权益受到伤害,尤其是少数族群或女性(Reskin and Hartmann,1986)。虽然有愈来愈多的女性进入劳动市场,也有愈来愈多的女性劳动者维持就业状态直到退休;但多数女性能够找到的工作仍然是在以女性为多数的职业或产业中。Petersen 和 Morgan(1995)即认为,职业的性别隔离表面上看来是分工,但实质上是不平等的位置分配。他们发现造成性别平均收入差异的主要源头就是男性和女性的职业隔离。

二 形成职业隔离的原因

关于职业性别隔离的形成和发展,多个学科均给出了理论和解释。在经济学里的解释,主要是新古典经济学的"人力资本"理论、"统计歧视"理论以及"拥挤效应"模型。

(一)人力资本理论

人力资本的概念最早由亚当·斯密提出,他在《国民财富的性质和原因的研究》一书中指出:人力资本投资、劳动者的技能影响个人收入。20世纪五六十年代以来,人力资本理论开始迅速发展。人力资本理论认为,一个人的收入高低,主要是由其"人力资本"(主要包括受教育程度、工作经验以及技能资格等)决定的。按照该理论的假设,女性受教育程度的提高和工作经验的积累,将推动女性劳动力市场参与率以及女性工资率的提高。

职业隔离方面,人力资本理论假设受教育水平的提高和技能水平的提升,将会不断降低劳动力市场上职业性别隔离的程度。该理论认为:劳动者都是根据理性原则选择职业,以实现收入最大化或损失最小化。女性由于要承担更多的家庭责任(生育孩子、家务劳动等),她们可能会"牺牲"劳动时间转而去照顾家庭,而这种牺牲显然会减少人力资本(工作技能和工作经验等)的积累,从而减少收入。正是基于这些考虑,女性在进入劳动力市场的时候,可能会更倾向于选择对劳动者的人力资本要求比较低的职业。因此,女性选择低收入的职业,属于一种个人为平衡家庭责任与职业发展所做出的理性行为，而非劳动力市场上的性别歧视所导致。Becker（1985）指出，人们在家庭责任与工作两者之间不仅"理性地"分配他们的时间，同样也"理性地"分配他们的"努力"。由于女性往往会分配更多的"努力"在家庭事务上，她们在工作方面所做出的努力就相应减少，因此即使女性拥有与男性同样的工作资历或学历水平，她们的生产力却低于男性，因此她们的工资收入也相应地低于男性。正因为如此，雇主对女性劳动者价值的评估也相应较低，更愿意把好的职位留给男性，把更高的工资支付给男性，这就导致了职业性别隔离和性别工资差异。

（二）"统计歧视"理论

如果说，人力资本理论是从劳动力供给方（即雇员）的角度来讨论职业性别隔离产生的原因，"统计歧视"（statistical discrimination）理论则主要着眼于劳动力需求方（即雇主）。该理论认为，平均而言，男性、女性在生产率、技术、工作经验方面存在差异，而且在招聘和晋升过程中搜寻信息成本非常高，因此，雇主倾向于使用群体的平均表现来确定群体中个体的表现。从统计学的角度来看，女性劳动者（因生育或其他家庭责任的缘故）往往比男性更加容易退出工作，从而会增加替换或培训成本。这样即使许多女性的技术水平高于男性或离职率低于男性，但由于雇主无法精确评估每个求职者的能力，他们通常认为男性的生产力比女性高。因此，理性的雇主通常会将替代成本非常高的工作留给预期生产率较高的男性群体。正是雇主出于利润最大化的考虑，导致了职业性别隔离。这并不是真正意义上的性别歧视，而只是反映了雇主的理性原则。但是，统计性歧视没有成功地解释为什么即使是在女性劳动参与率很高的国家，职业性别隔离现象仍然持续存在。

（三）"拥挤效应"模型

"拥挤效应"的主要思想是，男性为了维护其有利的工作位置，减少女性与他们的竞争，而使用诸如工会、规章、立法等办法来限制女性进入男性的优势职业，将女性群体集中在少数的劣势职业中，并导致该职业中女性的工资不断下降。研究者们对这一思想进行了拓展。Bergmann（1974）认为，女性面临着进入某些职业的障碍时，她们会大量进入少数没有障碍的职业，造成这些职业的拥挤。这些职业中不断增加的劳动力供给减少了该职业就业者的收入，而那些限制女性进入的职业增加了男性雇员的工资。于是，当一个职业中女性比例增加的时候，这个职业的工资水平会随之降低。另一种观点则认为，高收入的工作被男性占据，是因为雇主在雇佣或劳动力配置的过程中偏好男性（Reskin and Roos，1990）。这属于"分配性歧视"，即女性被动地被安排或分配到低收入的工作中（Petersen and Morgan，1995）。虽然研究者们关于这两种机制存在一定的争议，但似乎都同意因职业性别隔离导致性别收入差异，实质上是劳动力市场在雇佣和分配的过程中存在的一种间接的性别歧视。

第二节 文献回顾

迄今为止，与国外同类研究相比，国内系统地探讨职业性别隔离现象的综合性研究仍比较匮乏。只有为数不多的一些文献尝试探讨我国的职业性别隔离水平及其变化趋势。

其中一项研究是，Shu（2005）分析了从1982年到1995年，我国六大类非农职业的性别隔离水平及其变化，发现我国职业的性别隔离水平虽然很低，但呈稳定上升趋势。而且，在我国市场化程度最高的城市中，女性比例较高的职业，其平均收入水平都比较低。并由此认为，我国的市场化进程加剧了职业性别隔离对收入的负面影响。

一项研究是，易定红和廖少宏（2005）分行业计算的中国的邓肯指数在1978—2002年的平均值为0.1839。研究认为，相对于其他国家来说，中国男女职业隔离较小。并测算了不同职业、不同地区的人员职业隔离状况，结论是：在不同行业内，男性与女性在不同职业之间存在较大差异，差别最大的是交通运输、仓储及邮电通信业；分地区分行业测算的结论是，第二产业中男性普遍占据优势地位，第三产业中女性普遍占据优势地位。

类似的研究还有刘德中和牛变秀（2000），认为：中国的"女性"职业大多是人力资本要求低、层次低、收入低、缺乏声望的职业，且女性就业多集中于纺织、检验、裁剪、印刷、皮革等"轻工业"部门中。

姚先国等（2008）从职业隔离的角度验证浙江劳动力市场存在城乡分割与地域分割，以及定量测度职业隔离的程度。研究选用的被解释变量是"职业"，解释变量是：性别、年龄、居住时间、受教育程度、配偶、地区经济发达程度。结论是，职业获得的城乡分割表现在农业与非农户口劳动力之间，而地域分割主要表现在省外与省内劳动力之间；非农本地劳动力与其他五类劳动力之间存在具有"分割梯度效应"的职业隔离。

吴愈晓和吴晓刚（2008）分析了改革以来我国非农职业性别隔离的水平及其变化趋势，并证明这种变化对劳动力市场中的性别不平等所造成的影响。数据分析结果显示，我国非农职业的性别隔离总体水平在20世纪80年代呈上升趋势，而在90年代却呈下降趋势。文章还发现，不同地区、不同职业类型、不同教育程度或户口性质的就业人员，其职业性别隔离程度有着明显的差异。

杨伟国等（2010）则对职业性别隔离测度的主要方法进行了梳理，介绍了统计描述方法的作用及具体指标，重点讨论了四种主要总和指数——邓肯指数、标准化邓肯指数、卡梅尔—麦克拉克伦指数、关联指数——的应用方法和使用范围。

第三节 测量方法

各个学科中测量职业性别隔离的方法包括：统计描述、案例研究、总和指数方法以及对数线性模型等多种方法和模型。其中，采用指数的优点在于，便于研究者进行跨地域或长期性比较。在本书中，我们一方面对中国职业性别隔离的总体水平、水平隔离与垂直隔离水平，以及"性别类型职业"等分别进行统计描述；另一方面采用国内文献中普遍认可且易于操作的邓肯指数和标准化邓肯指数，分别对行业间和地区间的职业性别隔离程度进行衡量和比较分析。

我们首先具体介绍这两种总和指数的含义和计算方法。

一　邓肯指数（相异指数）

关于女性和男性之间的职业隔离程度，一般文献中较常采用的衡量职业性别隔离程度的指标是 Duncan 等提出的"相异指数"（index of dissimilarity）（Duncan and Duncan，1955），国内学界通常称之为"邓肯指数"。

该指标专门用于衡量职业性别隔离的程度，也就是测量男性和女性这两个群体在不同职业类别中的分布不均衡的程度。为了使两种性别的劳动者在各种职业中的分布比例相同，假定女性劳动者继续留在现有工作岗位，那么，有多大比例的男性将不得不改变职业。如果所有的职业都是完全隔离的，那么这一指数将会等于100；而如果女性和男性在各种职业中的分布都是完全相同的，则这一指数为0。举例来说，如果邓肯指数的值为30，则表明有30%的男性要改变他们的职业，以消除职业性别隔离。

相异指数的数值表明，为了实现两个群体之间的平等分配，必须转换职业的人的比例。尽管该指标容易受到职业的聚集程度、每个职业的人数及整个劳动力的构成三个因素的影响，但研究人员仍然能够据此确定在许多社会组织层面上的职业隔离程度。并且，相异指数是非定向性的，即不受那些占据最具吸引力的职位的特定群体的影响。

邓肯指数的计算公式是：

$$D = \frac{1}{2} \sum_{i=1}^{n} |(W_i/W) - (M_i/M)| \times 100 \tag{1.1}$$

其中，i 代表职业类别；W_i 是指在某一类职业 i 中女性劳动力的总数，W 是指全部女性劳动力的总数；M_i 是指在某一类职业 i 中男性劳动力的总数，M 是指全部男性劳动力的总数；n 是职业种类的总数。

二 标准化邓肯指数

由于邓肯指数会受职业相对规模（即某种职业中的劳动者人数占全部劳动者人数的比例）的影响。因此，当检验不同历史阶段的职业性别隔离程度的变化趋势时，需要把这一指标加以标准化，作为对邓肯指数的补充。于是，1965 年 Gibbs 提出了标准化的邓肯指数。

标准化邓肯指数的公式为：

$$D_s = \frac{1}{2} \sum_{i=1}^{n} \left| \left[(W_i/T_i) \middle/ \sum_{i=1}^{n} (W_i/T_i)\right] - \left[(M_i/T_i) \middle/ \sum_{i=1}^{n} (M_i/T_i)\right] \right| \times 100 \tag{1.2}$$

其中，T_i 是指职业 i 的总人数，W_i/T_i 是所有就职人员中女性的比例，M_i/T_i 是所有就职人员中男性的比例。其他符号的定义请参考"相异指数"公式中的定义。

跟邓肯指数一样，标准化邓肯指数的取值范围也是处于 0 到 100 之间，其解释方式与邓肯指数相同，但它假定每个职业的相对规模是一样的，它仅反映各职业性别构成的变化。

第四节 职业性别隔离水平

本书主要采用"中国人口普查"第五次（即2000年）和第六次（即2010年）的公开数据长表数据。所需数据库可以直接从国家统计局网站上搜索并下载。

其中，第六次全国人口普查（下文中简称"六普"）以2010年11月1日零时为标准时点，普查的对象是：普查标准时点在中华人民共和国境内的自然人以及在中华人民共和国境外但未定居的中国公民，不包括在中华人民共和国境内短期停留的港澳台居民和外籍人员。"境内"指我国海关关境以内，"境外"指我国海关关境以外。

"六普"采用了长、短两种普查表。普查表短表包括反映人口基本状况的项目，普查表长表包括所有短表项目和人口的经济活动、婚姻家庭、生育和住房等情况的项目。根据普查长表抽样工作细则，长表抽取了10%的户填报，短表由其余的户填报。本书主要使用长表数据中第四卷就业部分的数据，采样人口为16岁及以上人群。

中国人口普查数据调查是覆盖全民的调查，既包括全国数据，又包括城市、镇和乡村的三个行政级别的细分数据。虽然中国城镇化建设的速度很快，城乡差距一直在缩小，但客观上在各方面仍存在较为明显的差异，尤其是在劳动力市场上，城乡的就业领域、就业模式和就业结构仍明显不同，以致职业隔离水平也会存在较大差异，为了明确讨论范围，本书主要采用"城市"数据进行分析。

一 总体隔离水平

已经有一些研究对我国职业性别隔离水平的变化趋势及其现状进行了初步的分析，但得到的结论却不尽相同。

易定红和廖少宏（2005）采用历年《中国劳动统计年鉴》和

2000年人口普查数据统计得出，邓肯指数在1978—2002年的平均值为0.1839。由此认为，自1978年改革开放以来，中国的职业性别隔离较小，且总体变化幅度不大。

李春玲（2009）使用中国人口普查1982年、1990年、2000年的数据和2005年1%人口抽样调查数据，估计了职业性别隔离的年代变化。其中，邓肯指数依次为19、19、19、19.26，标准化邓肯指数依次为37.39、39.93、33.18、29.79。虽然在非标准化的邓肯指数上与易定红和廖少宏（2005）基本一致，平均19.065，但标准化邓肯指数却明显高于非标准化的邓肯指数，且历年的变化幅度较大。

本书是根据2000年和2010年人口普查数据的城市数据部分，来分别估计邓肯指数和标准化邓肯指数。具体来讲，本书分两种情况进行估计和比较：首先按照职业分类为六大类的情形进行估计。接下来，由于实证研究的经验证实，职业类别越详细，估计出来的性别隔离程度越真实可靠（Jacobs，2001；Cotter 等，2004）。为了能更准确地估计出职业隔离的水平，我们将六大类职业细分为63个具体的职业类别（不包括"不便分类的其他人员"），进一步估计，如表1-1所示。

表1-1　2000年、2010年中国劳动力市场的总体隔离水平

职业分类	年份	标准化邓肯指数	邓肯指数
六大类	2000年	21.85	20.66
	2010年	19.08	21.05
63中类	2000年	32.71855	32.38825
	2010年	26.78854	30.97133

通过比较，我们可以发现，(1) 标准化邓肯指数值和邓肯指数值的变化均显示出：2010年的职业性别隔离程度较之2000年是减弱了。而且，参照其他学者的研究，我们不难得出结论：在20世纪80年代，中国劳动力市场上的职业性别隔离程度一度加剧；但从90

年代开始，职业性别隔离程度开始慢慢下降。（2）我们知道，邓肯指数和标准化邓肯指数分别受到职业规模结构和性别规模结构的影响。在我们的研究中，从职业规模结构看，一方面，性别比例相对平衡的农业类职业占据了劳动力队伍的大半比例，由此邓肯指数所反映出的职业性别隔离水平会低于劳动力市场的真实值；另一方面，数据样本职业类别的划分加总程度较高，也会导致邓肯指数值相对较低。从性别规模结构看，我国女性劳动力参与率偏高，劳动力性别结构相对平均，因此也会影响标准化邓肯指数对职业性别隔离真实水平的反映。（3）与职业六大类估计出的相异指数相比，职业63个中类数据所估计出的职业性别隔离程度显然更高。这说明，在每个职业大类内部的细分职业种类中，职业性别隔离程度的差异是比较大的。

二　水平隔离与垂直隔离

这一部分研究，通过统计分析1982年、1990年、2000年、2010年四次人口普查数据，来分别从水平隔离和垂直隔离两个维度进行讨论。通过对这四次人口普查数据的比较，可以大致反映出经济改革前后三十年来中国职业性别隔离程度的变化趋势。1982年，中国的经济改革刚刚开始，所统计的数据反映了改革前的基本情况。1982—1990年的变化，反映了经济改革最初十年的状况，经历了农村经济改革，这一阶段，除了推行"联产承包责任制"，还没有在其他领域实行重大的改革措施。1990—2000年的变化，反映了经济改革第二个十年的状况，这时劳动力市场开始形成，这一阶段主要以"权力下放"作为改革策略。2000—2010年，中国开始加入全球化经济体系，进入经济高速增长时期，这一阶段的变化反映了市场经济体系形成阶段的基本状况。

按性别划分的职业隔离有两个广泛认可的层面——水平隔离和垂直隔离。Hakim（1979）和Moore（1985）最早将职业性别隔离区分为水平隔离和垂直隔离。Anker（1997）将水平隔离定义为男性和女性在不同职业间的分布，如女性更有可能成为保姆或秘书，而男性则更有可能成为卡车司机或医生；将垂直隔离定义为在相同的职业中，某个性别可能总是处于较高级别或水平，例如在生产性职业中，男性更可能是生产监督人员，而女性更可能是生产工人。Blackburn 和 Jarman（2006）提出，水平隔离和垂直隔离共同作用形成一般总体隔离（overall segregation）。垂直隔离衡量了不平等，而水平隔离只表明了差异的程度，它不包括按照垂直标准划分的不平等。

水平隔离指的是发生于不同劳动部门之间的，如体力和非体力劳动部门之间的隔离，特别是女性在一些体力要求较高的职业中的分布往往是不足的（例如制造业、手工业），而在一些体力要求较低的职业中的分布往往是过度的（例如非熟练工人、文书人员、销售人员、服务人员等）。水平隔离的发生和持续，在很大程度上是由于非体力劳动部门职业的任务往往被广泛地认为是女性应该从事的，而体力劳动部门职业的任务则包含了应该由男性承担的特点。水平隔离和性别本质主义（gender-essentialist）理念通过各种中间机制更进一步地联系在一起。这些中间机制包括个体和制度性的歧视（individual and institutional discrimination）、内在化的偏好（internalized preferences）、自我评估（self-evaluations）以及预期约束（expected sanctions）等（Charles and Grusky, 2004）。

垂直隔离指的是层级上的不平等，一般往往是男性占据了体力部门和非体力经济部门中地位最高的职业（Charles and Grusky, 1995, 1998）。这种男性占据统治地位职业的现象在 Charles 和 Grusky 看来也可以被理解为文化的产物，即男性被认为更适合承担统治和具有权威的职位。这样的文化理念通过与产生水平隔离类似的机制（歧视、内在化的偏好、自我评估和预期约束）导致了垂直隔离的产生。除此之外，一些女性会自主选择不进入高级别的职位中，因为她们认为自己在预期要承担的家庭责任中会分散大量精力和投入大量时间。

女性多集中于低薪工作，管理层中女性仍然是少数。此外，女性还承担着更大的养育孩子、照料老人的责任,这个重担让她们维持生计、谋求晋升的能力打了折扣。

水平隔离也就是本书讨论的"职业间隔离",垂直隔离即为"职业内隔离"。

(一)水平隔离

我们首先分析中国职业大类中的性别比例。

观察表1-2我们发现,农副业人员一直是男女从业比例最高的职种。1982年,女性有3/4的劳动力集中于该职业中,之后逐年递减,到2010年,有一半的女性劳动者从事该项职业。在商业服务业人员中,女性工作人员的比例逐年提高,从1982年的4.28%上升到2010年的18.74%,成为女性劳动者的从业比例涨幅最大的职业。而在农副业人员和商业服务业的工作人员中,女性比例一直比男性高;并且随着女性从事农副业人员比例减少,男性比例也同趋势地减少,随着女性在商业和服务业从业比例的增加,男性劳动者也同趋势地增加。可见,这是国家经济转型过程中,整个产业结构的调整导致了劳动力从第一产业向第三产业大规模的转移,同时也引起了从事两大产业中相应职业的性别分布大规模调整。

表1-2　　　　　中国职业大类中的性别比例　　　　　单位:%

职业大类	1982年 女性	1982年 男性	1990年 女性	1990年 男性	2000年 女性	2000年 男性	2010年 女性	2010年 男性
单位负责人	0.37	2.47	0.44	2.79	0.62	2.54	1.00	2.40
专业技术人员	4.41	5.53	5.30	5.24	6.51	5.04	7.82	6.04
办事人员	0.72	1.74	0.98	2.33	2.07	3.95	3.19	5.23
商业服务业人员	4.28	3.76	5.82	4.98	10.12	8.40	18.74	14.10
农副业人员	76.49	67.64	74.54	66.21	68.97	60.72	53.24	44.33
产业工人	12.86	18.23	11.91	17.57	11.67	19.28	15.92	27.78

从1990年开始,女性在专业技术人员中的分布比例开始与男性

持平，并且在2000年、2010年超过男性。由于女性劳动者的受教育程度越来越高，不再集中在劳动密集型的职业中就业，而是慢慢向高科技和高学历的职业中转移。

国家机关、党群组织、企业、事业单位负责人一直是由男性占优势的职业种类。尽管1982年至2010年间，女性担任单位负责人的比例有所增加，从1982年女性和男性的比例1∶6.68（0.37∶2.47）上升到2010年的1∶2.4；但从总的从业比例上来看，还只是取得了非常微弱的进展。单位负责人职业仍然是一个男性化的职业，并且明显具有性别隔离特征。

生产、运输设备操作人员（即产业工人）也是男性主导的职业之一，而且这一主导趋势还愈发明显。1982年，男性有18.23%的劳动者从事该项职业，到2010年这一比例上升到27.78%。虽然女性从事该职业的比例也有所增加，但近三十年间也仅增长了3%左右。这主要还是由于男性天然具有较为强壮的体魄和力量，更适合从事一些对体力要求相对较高的职业。

从事办事人员的比例，也一直是男性略高于女性，并且男女从事该职业的比例均逐年同趋势地增长。

通过观察职业水平隔离的变化趋势，我们发现，我国职业间性别比例的分布发生了比较明显的变化。（1）农副业人员仍然是男女从业比例最高的职业种类，但是，男女总的从业分布比例均下降近24%，其中，女性的从业比例一直高于男性近9%。（2）女性从事商业服务业人员的比例大幅增长（从1982年的4.28%上升到2010年的18.74%），使商业服务业人员成为女性从业的第二大职业种类。（3）从农副业人员中解放出来的劳动力，向商业服务业人员和产业工人两个职业类型中转移。其中，女性向商业服务业人员中转移的比例较大，男性向产业工人中转移的比例较大（从1982年的18.23%上升到2010年的27.78%）。导致这些变化趋势的主要原因在于国家的经济改革。整个产业结构的调整，导致了劳动力从第一产业向第二、第三产业大规模的转移，同时也引起了这三大产业中相应职业的性别分布发生大规模调整。

（二）垂直隔离

我们接下来描述不同时期，女性在主要的 6 大类职业中的分布比例及其变化。

根据表 1-3，通过观察职业垂直隔离的变化趋势，我们发现，从 1982 年到 2010 年近三十年时间内，我国职业性别隔离的总体格局发生了阶段性的变化。

表 1-3　　中国职业大类中女性的分布比例　　单位：%

职业大类	1982 年	1990 年	2000 年	2010 年
单位负责人	10.30	12.00	16.75	25.13
专业技术人员	38.10	45.50	51.73	51.11
办事人员	24.40	25.40	30.26	33.00
商业服务业人员	46.30	49.70	49.99	51.74
农副业人员	46.80	47.90	48.52	49.21
产业工人	35.40	35.20	33.43	31.61

在 1982 年，单位负责人、专业技术人员、办事人员和产业工人基本上都属于男性占优势的职业，尤其在单位负责人中，男性比例远远超过女性，女性从业人员的比例仅占到 10%；办事人员是仅次于单位负责人职业的女性从业比例很低的职业，女性从业人员的比例仅占到近 25%。由于女性的受教育程度一直较低，所以在专业技术人员这样的职业种类中，女性的从业比例也是比较低的。而产业工人需要高强度的体力劳动，选择这一职业也是由男性的自然禀赋决定的。

1990 年，职业性别隔离的分布格局与 1982 年基本一致。其中，办事人员、农副业人员以及产业工人的女性从业比例均基本上保持不变。但是在专业技术人员中，女性的从业比例明显增加了 7.40 个百分点，成为 1982—1990 年的 8 年间六个职业大类中的性别分布变化最大的职业。另外，女性在单位负责人中的比例也有所增长。商业服务业人员中的女性比例也有 3.40% 的增加。

到 2000 年，六个职业中的女性分布格局发生了较大的变化，女性向管理层、技术层的职业转移，取得了较大的进展。首先，专业技术人员中的女性比例首次超过了男性，提高到 51.73%。其次，女性在单位负责人中的比例较之 1990 年再次提高 4.75 个百分点，达到 16.75%，虽然这仍然是一个男性占优势的职业，但女性在其中的比例已经日渐增长。女性在办事人员、商业服务业人员、农副业人员中的比例均有些微增长，只有在产业工人中所占比例略有下降。

2010 年，六个职业中的女性分布比例的总体格局与 2000 年相似。单位负责人中的女性比例达到 25.13%，比 2000 年再次提升近 10 个百分点。专业技术人员中，女性比例基本维持不变。办事人员、商业服务业人员和农副业人员中，女性比例均有两个百分点左右的提升。只有产业工人中的女性比例继续下降近两个百分点。比起 2000 年时女性在向管理层和技术层所做出的拓展，2010 年女性在这些职业领域的扩张趋势似乎趋于停滞。

通过对这三十年间职业内女性分布比例的变化进行分析，我们得到一些有趣的结论：（1）在中国社会的职业体系中，单位负责人是具有权威性、社会声望高、收入待遇好的职业。在这一男性具有明显优势的职业中，女性的比例由 1982 年的 10.30% 跃升到 2010 年的 25.13%。我们还发现，随着市场经济体系的发展越是成熟，女性在该职业中的分布比例涨幅越大（三个阶段的涨幅分别为 1.70%、4.75% 和 8.38%）。尽管该职业中的性别隔离水平仍然很高，但笔者认为存在降低的趋势。（2）专业技术人员，也是一种男性具有优势的高声望的职业类型。在该职业中，女性的比例由 1982 年的 38.10% 上升到 2010 年的 51.11%。但在该职业中，女性分布比例在 1982—1990 年涨幅最大，为 7.40%，而在 2000—2010 年，却降低了 0.62%。这说明，该职业仍然排斥女性，职业隔离水平还有可能增加。(3) 办事人员职业,仍然是一种男性化的职业。虽然女性的从业比例由1982年的24.40%增加到2010年的33.00%,也仅占该职业总人数的1/3。(4) 在商业服务业人员和产业工人两个职业中,女性在前者中所占比例稳步上升,在后者中慢慢下降,并与男性从业比例基本均等。笔者认为,这种变化有可能是女性与男性的自然禀赋差异所导致的社会分工不同,而并非是劳动力市场歧视的影响。

三 "性别类型职业"

性别隔离指数将隔离概念化为两组人群在一系列不同的职业中分布的特点。但是,一些问题使得研究者们将导致一组成员被集中在一起或被排除在外的任何结果都概括为隔离(或性别分类),即由男性或女性主导的职业。确定职业性别的分界点是武断的,比如某一性别占75%或80%,则该职业即为这种性别的职业。Bielby和Baron (1986) 提出了一种不同的划分职业性别的方法。他们观察了各种职业中的性别组成,并使用两分因变量(dichotomous dependent variable)而不是连续变量——女性所占的百分比来构建职业性别模型。

将职业划分为不同的性别类型有助于对受雇于某些隔离程度较高的职业的工人的比例、这类职业和工人的特点以及典型的某种性别(sex-typical occupations)的职业和在性别上不显著的某种职业(sex-atypical occupations)之间的流动进行估计。Goodman (1981)、Breiger (1981) 及 Jacobs (1989) 通过经验检验确定了以下边界:女性比重占0—29.9%的职业为男性职业(male occupation),占70%—100%的为女性职业(female occupation),其余的为混合职业。理论上常常有其他的测量隔离的方法。例如:对与职业性别组成相关问题感兴趣的研究者们常常使用女性或男性在某种性别中的百分比作为一个变量。

所谓"性别类型职业",是指将各种职业根据其内部的女性比例进行分类。学界通用的标准是,将女性比例超过70%的职业称为

"女性职业"，女性比例低于30%的职业称为"男性职业"。这种方法虽然没有相异指数那么精确，但它能反映出职业内的性别隔离程度的变化过程，而且更为直观。因此，我们继续描述"性别类型职业"的变化趋势。

表1-4　　　　　中国"男性职业"的变化趋势

职业大类	2010年 职业名称	女性比例（%）	职业大类	2000年 职业名称	女性比例（%）
6	运输设备操作	7.96	5	其他农林牧渔	4.15
3	安全保卫、消防	10.52	2	飞机和船舶技术人员	6.81
6	机械设备修理	10.98	6	运输设备操作	8.57
6	工程施工	13.09	6	工程施工	10.44
6	电力设备安装检修	15.99	6	机械设备修理	11.33
2	飞机和船舶技术	16.00	3	安全保卫、消防	12.77
6	矿物开采	16.69	6	矿物开采	16.24
5	其他农林牧渔	18.38	1	国家机关及其机构负责人	16.33
1	中共党委及各级地方机构负责人	19.32	1	企业单位负责人	18.83
6	金属冶炼	21.83	6	电力设备安装检修	19.34
4	运输服务	22.27	6	木材等材料生产加工	21.75
6	建筑材料生产加工	22.32	6	金属冶炼	23.35
1	国家机关及其机构负责人	22.78	1	事业单位负责人	24.81
6	机械制造加工	23.35	2	工程技术人员	25.49
2	工程技术人员	24.37	5	水利设施管理养护人员	26.16
6	木材等材料生产加工	24.69	6	建筑材料生产加工	28.38
1	企业单位负责人	26.92	2	法律专业人员	29.02
2	宗教职业者	28.12	2	宗教职业者	29.57
1	事业单位负责人	29.63	6	机械制造加工	29.58
			5	林业生产人员	29.94

2000年的男性职业共20个，2010年减少到19个。虽然除个别

职业外,"男性职业"的分布变化不大,但是,即使在2000年和2010年同时出现的"男性职业"中,女性比例都均有所上升。进一步从职业大类的分布上来观察,我们可以发现:(1)女性担任事业单位负责人、企业单位负责人、国家机关及其机构负责人等职务的比例有较大提高,2010年比2000年平均提高6%左右;但是,"单位负责人"职业仍然是男性占有绝对优势。(2)专业技术人员的男性职业从4个减少为3个,其中"法律专业人员"从男性职业中消失。女性受教育程度的提高,使得女性在专业技术人员职业中的从业比例显著增加,在2000年和2010年分别达到51.73%和51.11%,在相对规模上超过男性。(3)农林牧渔业的男性职业从3个减少到1个,且这仅有的一个"其他农林牧渔业"中,女性的从业比例也从2000年的4.15%上升到2010年的18.38%。因此,有研究者指出,农副业生产出现女性化趋势。通过我们之前的分析,女性在2010年从事"农副业人员"的比例为49.21%,还略低于男性,并不具有明显的优势,但这是否能成为一种发展趋势,还有待证实。(4)产业工人的男性职业保持不变,且女性在"金属冶炼""建筑材料生产加工"和"机械制造加工"等职业中的从业比例显著下降了;而且在2010年,女性在这一职业大类中的从业比例下降到31.61%。这说明,"产业工人"职业对劳动者的强壮体魄和劳动能力的要求,使得女性自然被"隔离"在外了。

我们将2010年职业中的女性比例从高到低顺序排列,得到10个女性从业相对集中的职业。如表1-5所示,其中,严格意义上的"女性职业"只有一个——经济业务人员(指从事经济计划、统计、财会、审计、国际商务等业务工作的专业人员),女性比例为73.89%。

表1-5　　　　　　　2010年中国"女性职业"类别　　　　　单位:%

职业大类代码	职业中类代码	职业名称	女性比例
2	11	经济业务人员	73.89

续表

职业大类代码	职业中类代码	职业名称	女性比例
3	29	医疗卫生辅助人员	66.99
2	10	卫生专业技术人员	66.91
6	47	纺织、针织、印染	66.12
3	27	饭店、旅游、娱乐场所服务人员	63.85
2	14	教学人员	62.02
6	48	裁剪、皮革加工	61.57
3	30	社会服务、居民服务人员	58.44
6	62	检验、计量人员	56.13
2	17	新闻出版、文化工作人员	55.11

刘德中和牛变秀（2000）根据第四次人口普查资料的职业细分小类数据，统计出1990年中国的十种"女性职业"，按女性在职业中的比例由高到低排列，依次是幼儿保育员、家庭服务员、护理人员、旅店饭店服务人员、纺织针织印染人员、图书资料业务人员、档案业务人员、电信业务人员、环境清洁卫生人员、财会和审计人员等。可见，中国的"女性职业"多为人力资本要求较低、层次低、收入低，并且缺乏声望的职业。

由此可见，中国劳动力市场中仍然存在职业性别隔离，而且越是社会声望高、收入待遇好的职业，女性被排斥的程度越高。但是，导致职业性别隔离的不一定总是劳动力市场歧视，还有一部分原因是性别禀赋差异所导致的自然选择。

四 行业间职业性别隔离水平的比较

因为只有2000年的全国人口普查（"五普"）数据库中有各个行业内不同职业的性别比例，于是我们使用该数据库对行业间的职业性别隔离水平进行估计，如表1-6所示。

我们发现，女性就业最为集中的行业是"卫生、体育和社会福利业"，这也是唯一一个女性人数多于男性的行业；相对集中的行业是"农、林、牧、渔业""批发和零售贸易、餐饮业"和"教育、文化艺术及广播电影电视业"等，几乎与男性的比例相同。

表1-6　　　　　　行业间的职业性别隔离水平

行业	邓肯指数	标准化邓肯指数	行业内女性比例（%）
农、林、牧、渔业	0.37	25.23	48.49
采掘业	23.18	28.07	17.84
制造业	8.98	24.83	45.61
电力、煤气及水的生产和供应业	21.76	24.17	30.25
建筑业	29.7	31.7	11.11
地质勘查业、水利管理业	26.33	30.98	24.39
交通运输、仓储及邮电通信业	45.92	44.5	18.14
批发和零售贸易、餐饮业	10.37	29.49	49.65
金融、保险业	21.24	33.07	46.79
房地产业	29.12	30.46	36.52
社会服务业	32.87	27.12	42.77
卫生、体育和社会福利业	9.59	24.82	55.41
教育、文化艺术及广播电影电视业	9.73	24.29	49.46
科学研究和综合技术服务业	10.66	17.59	36.22
国家机关、政党机关和社会团体	19.77	31.16	27.75
其他行业	25.13	23.63	33.67

观察表1-6我们还发现，各个行业的标准化邓肯指数基本上均高于邓肯指数。标准化邓肯指数主要受到性别规模结构的影响，而邓肯指数主要受到职业规模结构的影响。从职业规模结构看，一方面性别比例相对平衡的农业类职业占据了劳动力队伍的大半比例，由此邓肯指数所反映出的职业性别隔离水平会低于劳动力市场的真实值，如，"农、林、牧、渔业"，邓肯指数仅为0.37；另一方面数据样本职业类别的划分加总程度较高，也会导致邓肯指数值相对较低。从性别规模结构看，有近一半行业中的女性劳动力参与率偏高，劳动力性别结构相对平均，这会影响标准化邓肯指数对职业性

别隔离真实水平的反映。比如，"农、林、牧、渔业""制造业""卫生、体育和社会福利业"和"教育、文化艺术及广播电影电视业"四个行业的女性比例占 45.61%—55.41%，其标准化邓肯指数均为 24.29—25.23。在国家党政机关、建筑业、采掘业、交通运输业等女性从业比例较少的行业，标准化邓肯指数的值较高。总体来看，行业之间的性别隔离程度差异较大，但是，行业性质相近，性别隔离程度也差距较小。

五 地区间职业性别隔离水平的比较

为了进一步观察我国各地区的职业性别隔离水平，我们使用 2010 年全国人口普查数据，分 63 个职业中类，来进一步分析各省市地区的职业性别隔离水平。按照标准化邓肯指数，我们将全国各地区做一排名，如表 1-7 所示。

表 1-7　　　　　　　地区间的职业性别隔离水平

地区	标准化邓肯指数	邓肯指数
天津	23.32	35.88
湖南	24.05	27.88
四川	24.18	29.47
河南	24.83	29.67
陕西	25.16	32.01
湖北	25.91	31.43
甘肃	26.04	30.80
广西	26.10	28.58
贵州	26.53	31.78
云南	26.69	31.89
广东	27.05	25.33
福建	27.63	28.28
江西	27.69	32.64
吉林	28.19	37.39
山东	28.39	32.57

续表

地区	标准化邓肯指数	邓肯指数
重庆	28.64	32.73
安徽	28.89	36.01
山西	29.05	36.68
新疆	29.31	33.55
黑龙江	29.35	38.03
河北	29.61	34.32
上海	29.95	34.00
北京	30.39	28.87
江苏	30.59	33.58
西藏	30.63	24.87
海南	31.12	32.27
青海	31.34	35.33
宁夏	31.61	37.65
辽宁	31.68	40.41
浙江	31.85	30.38
内蒙古	32.92	39.73

先分析省际差距，再分析地区差距。

我们发现，各个省份的职业性别隔离水平存在着较大的差异性。吴愈晓和吴晓刚（2008）在考察了中国非农劳动力职业性别隔离水平后得出结论：东部地区的职业性别隔离程度最高，其次是中部地区，西部最低；而且在不同历史阶段，这三个地区之间职业性别隔离水平的差别程度基本一致，即表现为"均匀"的梯形结构。他们通过这一现象得出这样的结论：经济发展或市场化程度越高的地区，职业的性别隔离程度也越高。该结论与上述对各省份的职业性别隔离水平的研究存在一定的相似性，如经济发展水平或市场化程度较高的浙江省、江苏省、北京市和上海市等省市的职业性别隔离水平就比较高，而发展相对缓慢的陕西、甘肃、贵州等地区的职业性别隔离水平较低。但也有一些省份的职业性别隔离水平没有体现出与其经济发展水平或市场化程度的相关关系，如经济发展水平或市场化程度都落后的辽宁、宁夏、西藏等省份的职业性别隔离水平反而很高。

各个省份劳动力市场的发达程度必然会影响各个省区内职业性别隔离程度的高低，但职业性别隔离水平不能简单地与劳动力市场化程度建立关系。中国市场化改革的过程中确实逐步形成了东部地区、中部地区、西部地区的梯次发展态势，但不同地区的劳动力市场职业性别隔离程度的差异除了有可能受到市场化程度的影响外，还有可能受到各地计划经济时代的产业结构、当前的经济发展政策、当前产业结构和规模、城市化程度以及地域文化等因素的影响，因此不应当以东、中、西部作为劳动力市场的分组条件来判断职业性别隔离程度与市场化程度的关系，更不应当简单地认为经济发展或市场化程度越高的地区，职业的性别隔离程度也越高，而是应该具体研究各个省区内劳动力市场影响市场化程度与影响职业与性别分布的各种因素，综合考虑得出结论。有关中国劳动力市场的市场化水平和职业性别隔离的关系还值得深入研究。

根据我国行政区域的划分标准，我们发现，位于中部地区的省份，如湖南、河南、湖北等省份的职业隔离程度最低；而东部地区的职业隔离水平整体偏高，部分省市，如浙江、海南、江苏、北京等地均超过30；同时，部分西部地区的职业隔离水平也明显偏高，如内蒙古（全国最高）、宁夏、青海等。这与一些研究的结论不尽相同。如吴愈晓和吴晓刚（2008）认为，我国不同地区的职业隔离水平呈现出一种梯形的结构，即东部地区的职业性别隔离程度最高，中部次之，西部最低。但是，我们的分析却显示，西部地区的职业隔离水平是两极分化的，部分地区很低，但部分地区很高。

我们还进一步观察到，标准化的邓肯指数所衡量出来的职业隔离水平较之邓肯指数的衡量普遍偏低。于是我们得出结论：地区经济发展水平和劳动力市场的发达程度必然会对职业隔离水平产生影响，但这一影响并非是简单的严格对应的关系。

第五节 结论

通过对1982—2010年四次全国人口普查数据的分析，我们已经对中国劳动力市场上职业性别隔离现象有了一定的认识，并对职业性别隔离程度的现状和发展趋势有所了解。

首先，中国劳动力市场上的职业性别隔离程度随着经济发展有日趋下降的趋势。在20世纪80年代，中国劳动力市场上的职业性别隔离程度一度加剧；但从90年代开始，职业性别隔离程度开始慢慢下降。于是，笔者认为，中国的职业性别隔离程度有所下降。这一结论也是与国内学者的研究结论相一致的（吴愈晓和吴晓刚，2008；李春玲，2009；等等）。

从职业间性别比例（水平隔离）来看，有两个比较明显的变化趋势：一是女性向管理层、技术层的职业领域扩张。这是导致中国职业性别隔离指数下降的重要原因之一。在20世纪80年代初期，男性在管理性质和有专业技术要求的职业中占绝对的优势地位。而90年代，女性劳动者在这两个职业领域中的分布比例迅速攀升，尤其是在专业技术人员的职业中，女性的从业比例甚至超过了男性。尽管本世纪以来，女性的这种职业扩张趋势有所停滞，但已经足以改变在所有职业中女性的分布格局。二是从农副业人员中解放出来的劳动力，向商业服务业人员和产业工人两个职业类型中转移。其中，女性向商业服务业人员中转移的比例较大，男性向产业工人中转移的比例较大。导致这些变化趋势的主要原因在于国家的经济改革。整个产业结构的调整，导致了劳动力从第一产业向第二、第三产业大规模地转移，同时也引起了这三大产业中相应职业的性别分布发生大规模调整。

从职业内性别比例（垂直隔离）来看，有三个比较明显的变化趋势：一是虽然男性仍在"单位负责人"这一高声望、高收入的职业中表现出明显优势，但是我们发现，市场经济体系的发展越是成熟，女性在该职业中的分布比例涨幅越大。尽管该职业中的性别隔离水平仍然很高，但笔者认为存在降低的趋势。二是专业技术人员，也是一种男性具有优势的高声望的职业类型。虽然女性在该职业中的比例也大幅上升，但笔者认为，该职业仍然排斥女性，职业隔离水平还有可能增加。三是在商业服务业人员和产业工人两个职业中，女性在前者中所占比例稳步上升，在后者中慢慢下降，并与男性从业比例基本均等。笔者认为，这种变化有可能是女性与男性的自然禀赋差异所导致的社会分工不同，而并非是劳动力市场歧视的影响。

从"性别类型职业"的分布来看，中国劳动力市场中有近三分之一的职业类型为"男性职业"，严格意义上的"女性职业"几乎没有。但是，从性别职业的发展趋势上来观察，女性在各个职业种类中的分布比例基本上均有不同程度的提高。即使是在2000年和2010年同时出现的"男性职业"中，女性比例都有所上升。这说明，从总体情况上来看，职业内的性别隔离程度呈现出普遍的下降趋势。

各个行业间的职业性别隔离程度不同。各个行业的标准化邓肯指数基本上均高于邓肯指数。标准化邓肯指数主要受到性别规模结构的影响，而邓肯指数主要受到职业规模结构的影响。从性别规模结构看，有近一半行业中的女性劳动力参与率偏高，劳动力性别结构相对平均，这会影响标准化邓肯指数对职业性别隔离真实水平的反映。比如，"农、林、牧、渔业""制造业""卫生、体育和社会福利业"和"教育、文化艺术及广播电影电视业"等四个行业的女性比例占45.61%—55.41%，其标准化邓肯指数均为24.29—25.23。在国家党政机关、建筑业、采掘业、交通运输业等女性从业比例较少的行业，标准化邓肯指数的值较高。总体来看，行业之间的性别隔离程度差异较大，但是，行业性质相近的，性别隔离程度也差距较小。

各个省份职业性别水平存在较大的差异性。各个省份劳动力市场职业规模结构和性别规模结构都存在显著差异，但职业规模结构的差异要大于性别规模结构的差异。各个省区劳动力市场的发达程度必然会影响各个省区内的职业性别隔离程度，但职业性别隔离水平不能简单地与劳动力市场化程度建立关系。中国市场化改革的过程中确实逐步形成了东部地区、中部地区、西部地区的梯次发展态势，但不同地区的劳动力市场职业性别隔离程度的差异除了有可能受到市场化程度的影响外，还有可能受到各地计划经济时代的产业结构、当前的经济发展政策、当前产业结构和规模、城市化程度以及地域文化因素的影响，因此不应当以东、中、西部作为劳动力市场的分组条件来判断职业性别隔离程度与市场化程度的关系，更不应当简单地认为经济发展或市场化程度越高的地区，职业的性别隔离程度也越高，而是应该具体研究各个省区内劳动力市场影响市场化程度与影响职业与性别分布的各种因素，综合考虑得出结论。

第二章　中国雇主—雇员匹配数据

本书使用的是由"中国雇主—雇员匹配数据"匹配"全国人口普查"数据所构建出的数据库。其中,"全国人口普查"属于全国大型调查,本书中引用的数据资料均来自中国统计局网站,鉴于该数据库的知名度,在本书中不再占用篇幅对该数据库进行专门介绍。在本部分中,将主要介绍本书的另一个重要的数据来源——"中国雇主—雇员匹配数据"。

在本章中,我们首先简单介绍什么是"雇主—雇员匹配数据"。其次,将较为详细地介绍"中国雇主—雇员匹配数据"数据库,并指出利用"匹配数据"研究性别工资差异问题的信息优势所在。最后,我们对实证研究部分主要变量的选择依据和规定做出解释,并做出必要的描述。

第一节　雇主—雇员匹配数据

一　什么是"雇主—雇员匹配数据"

劳动科学的学术研究和劳动政策的研究与评估都离不开数据的支持,尤其是实证研究的对象正是各种数据信息。劳动经济学主要研究劳动力市场如何运行,主要关注劳动者和企业在劳动力市场上的选择行为。劳动经济学的实证研究需要劳动力供需双方的数据信息。劳动力的供给方,即劳动者,需要收集个人或家庭层面的数据;劳动力的需求方,即企业,需要收集企业或工作场所层面的数据。

以往的数据调查均侧重于个人和家庭或者企业单方面信息的收集。国内研究中常用的比较典型的入户家计调查数据主要有：人口普查（China Population Census，简写为 CPC）、中国收入分配项目（CHIP）、中国综合社会调查（CGSS）等；针对企业的调查数据主要有：中国经济普查（CEC）、全国工业普查等。然而，通过这些数据，我们无法掌握特定的企业内的员工所具有的区别于其他企业员工的特征信息，也无法观察到劳动者个人由于工作历史变动所带来的各种后果。

为了进一步讨论人力资本的特定作用，以及发展"雇主—雇员"关系的代理理论，需要找出工资、工作流动性以及机构的政策之间潜在的重要关联，而取得进展的关键在于对数据的发展，这种数据需要将工人及其家庭成员的个人特征信息与工人受雇佣的企业的特征联系起来（Willis，1986）。

所谓"雇主—雇员匹配数据"包含两个层面的信息，即家庭与个人层面的信息以及公司或企业层面的信息（Abowd and Kramarz，1999a）。例如，由中国人民大学劳动人事学院主持的"中国雇主—雇员匹配数据"调查，采集的信息就同时包括了企业层面的信息（如企业规模、行业、性质、薪酬结构、劳资关系、企业内部员工比例、员工福利等），以及个人和家庭层面的信息（如员工个人人口学特征、家庭特征、岗位、薪酬、福利等）。

二 匹配数据的信息优势

"雇主—雇员匹配数据"可以帮助我们全面认识劳动力市场，为劳动力市场的一般均衡分析提供依据。Bryson 和 Forth（2006）指出，"雇主—雇员匹配数据"能够通过四种方式提供对整个工作场所和劳动力市场运行过程的独特的见解：（1）如果"劳动者—企业"进行匹配的过程给双方的成本和收益带来特定的影响，就需要利用匹配数据来理解劳动力市场动态；（2）匹配数据的出现使传统的分析变得更加丰富和深入，雇佣关系中一些原本不可观测的特征可以得到解释，还能够克服单独依赖雇主数据或雇员数据进行研究所带来的部分内生性偏差；（3）通过对多个工作场所内雇员的多方位观察，使那些由收入分配及其他可归因于工作场所内外差异所导致的劳动力市场特征能够得到分析和研究；（4）如果匹配数据是纵向的，就能够研究雇员和雇主的双向选择过程，以及雇员采取的措施和雇主接受雇员的前因后果，并可以由此进行更加严格的、贴近现实的因果关系的评估。匹配数据能够对研究劳动生产率的决定因素提供见解，这是使用传统数据和技术无法完成的。

雇主—雇员匹配数据还使得处理一些新研究问题成为可能。Dale-olsen（2006）指出，匹配数据为分析工作场所政策提供了完美的背景信息，为研究者提供了能够跨期（over time）追踪雇员的机会，研究他们如何对工作环境变化做出反应。

三 利用匹配数据讨论工资差距问题

匹配数据对于进行劳动科学研究的主要贡献有两个方面：一是提出新的证据，对原有的、经典的经济学问题运用匹配数据进行重新验证；二是提出新的研究问题，丰富了研究内容，拓宽了研究领域。

关于本书中对工资决定和工资差距问题的讨论，也从上述两个方面获得了拓展。

（一）工资决定

员工的个人特征和企业的特征同时影响企业员工的工资。劳动经济学家一般利用个体层面的数据来估计工资决定（Wage determination）方程。然而，只有在员工的个人特征和企业特征不相关时，即使遗漏企业特征的变量，我们也能得到员工特征对工资影响的无偏估计。一旦两者之间存在"配对（sorting）关系"，我们估计得到的个人特征对工资的影响是有偏的。

很多研究结果解释了个体异质性、企业异质性以及可观测的工资差异等相互关联的一系列问题。（Abowd et al., 1999a, 1999c; Leonard et al., 1999; Burgess et al., 1997; Bingley and Westergard-

Nielsen，1996；Groshen，1991，1996；等等）

使用法国的税收和社会保险机构记录（DADS）数据，Abowd 等（1999a）发现：对于对数年工资率的变化，在不控制不随时间变化的个人特征的条件下，个人效应可以解释的部分占 60%—80%，而企业效应仅能解释 4%—9%，且两者并不存在显著相关性（0.09—0.26）。

Abowd 等（1999c）利用由华盛顿州失业保险记录与美国青年人的国家纵向调查（Washington State UI and NLSY）匹配的数据库再次检验 Abowd 等（1999a）的结论，发现：个人异质性对于对数工资的变化率的影响非常重要，可以解释的部分比企业层面的异质性可以解释的部分多一倍。

使用马里兰州的事业保险系统的数据，Burgess 等（1997）发现，个人效应可以解释对数工资变化的 55%，而企业效应只能解释 35%。

在最新的研究中，Abowd 等（2004）利用纵向雇主—家庭动态调查项目 LEHD（longitudinal employer-household dynamics program）的数据证明，仅仅使用传统的人口学统计变量（如教育、职位、年龄、性别、婚姻状况等）和企业特征（如企业的规模和所处行业信息等），只能解释收入差异的 30% 左右，而使用同时包括员工和企业特征的匹配数据的分析能够解释近 90% 的收入差异。

（二）性别工资差异

很多文献都试图解释为什么性别工资差异在几乎所有的劳动力市场中都持续存在（Altonji and Blank，1999；Blau and Kahn，2000；等等）。传统的观点在解释工资差距的时候，关注的是个人的资历及其报酬率在劳动力市场上的性别差异。

近年来，由于可以获得大型的雇主—雇员匹配数据，研究取得了重要的进展。掌握职业或者岗位信息，就可以对同一家企业内从事相同职业的男女员工的工资进行比较（Petersen and Morgan，1995；Petersen et al.，1997；Meyersson Milgrom et al.，2001；Groshen, 1991; Datta Gupta and Rothstein, 2001; Bayard et al., 2003)。部分研究只是通过简单地组合不同形式的工资分解,来观察职业内平均工资的性别差异。这种方法的明显缺陷在于,个人特征的变异是不可控制的。另一些研究(Korkeamäki and Kyyrä, 2002; Groshen, 1991),则通过对一系列控制变量和女性在行业、企业、职业和(或)岗位中的比例做回归。其关键想法在于:回归得到的女性比例变量的系数,可以捕捉到(capture)工资率与潜在的劳动力市场结构中的"女性因素"的关系。

利用大型雇主—雇员匹配数据库,Korkeamäki 和 Kyyrä(2004)探讨了芬兰制造业部门中的"白领"男女之间的性别工资差异。作者观察到该数据具有嵌套结构,即包含企业、企业内的职业以及企业内的职业内的员工三个层面的信息。一个工作(job),可以被定义为一个企业内的职业。与员工的个人特征相关的工资率,同时也受到该员工受雇的企业以及该企业内该工作的具体情况的影响。通过对这三个层面的信息变量做回归模型,其残差项包含一个双向嵌套结构(企业与企业内职业的截距项)。在这个回归结果的基础上,可以将全部的性别差异分解为性别隔离、个人特征的性别差异与不可解释的职业内差异三个贡献部分。

使用由英国工作场所雇佣关系调查(Workplace Employment Relations Survey, WERS)所提供的工作场所信息,与由年度工作时间与收入调查(Annual Survey of Hours and Earnings, ASHE)所提供的雇员信息匹配而成的数据库,Davies 和 Welpton(2008)研究发现,工作场所中对性别平等的监督并不能减少性别工资差异。

(三)行业间工资差异

Abowd 和 Kramarz(1999a)证明,如果模型中不同时考虑个人和雇主效应,可能导致异方差的存在,对行业间工资差异(Inter-industry wage differentials)也可能会出现不一致的估计。匹配数据首次给研究人员提供了在劳动力市场的大量影响中单独区分企业效应和员工效应的机会。利用法国劳动力调查与其雇主信息的匹配数据，Goux 和 Manrin（1999）发现，员工个人平均效应中的行业内部差异是行业内工资差异的主要来源。而企业效应可以解释的部分非常少。Lazear 和 Shaw（2007）使用来源于许多不同国家的匹配的雇主—雇员数据进行研究，研究的主要发现是：国家间工资结构和工作变化非常相似，大多数工资差异存在于企业内。

第二节　中国雇主—雇员匹配数据

鉴于匹配数据在劳动科学研究中的重要作用，以及国内专门用于劳动科学研究的大型调查数据较为匮乏，中国人民大学劳动人事学院组织并启动了"中国雇主—雇员匹配数据追踪调查"项目，该调查从筹备伊始，就受到各界的广泛关注，同时，该调查是由中国人民大学"985工程"专项资金重点支持的长期调查项目。

一　中国雇主—雇员匹配数据调查

"中国雇主—雇员匹配数据调查"是中国人民大学设立的长期跟踪调查的基础性科研数据库建设项目，由中国人民大学劳动人事学院数据中心主持设计和实施，是一项全国性的企业追踪调查工作。调查旨在同时搜集样本企业的雇主和雇员双向的有关企业人力资源管理、劳动关系、劳动保障等方面的访问信息数据，建立相关数据库，以便长期深入研究我国体制转变过程中企业劳动关系发展、人力资源管理变革以及社会保障制度发展完善对企业的深层次影响等。

基于"雇主—雇员匹配数据"对企业运行和宏观经济运行进行研究，是近年来国际上经济领域研究的新方向和新趋势，在我国此类数据和基于此类数据的研究尚属空白。

二　调查方法

这项由国家实施的雇主—雇员匹配的调查，依据分层比例方法，先按照国家统计局经济普查中的企业名单，按照企业规模分层抽样；再在调查企业内，按员工类型分层抽样。

先对所有企业抽样，再对企业中的雇员抽样，从统计上保证了样本的代表性。法国的统计调查系统整体规划性突出，给企业，甚至是个体调查者都建立了编码，因此即使不包含雇主—雇员匹配的单方面的调查数据，也容易与其他数据库资料匹配起来。不同数据库的统一编码措施，十分值得借鉴。"中国雇主—雇员匹配数据调查"正是采用了类似的抽样方案。

该调查为长期追踪纵向调查。即第一期调查采取随机抽样，顺序的调查会尽量追踪前一期调查中可保留的样本企业，并继续采取随机抽样进行补充，以保证总样本量。

三 调查优势

"中国雇主—雇员匹配数据调查"的优势是显而易见的。

首先，数据包括三个层面的信息——企业、企业内员工，以及企业与员工相交互的信息；而且每一个层面的信息都比较详细，问题设置均为各个研究领域中关注度较高的变量。

其次，该数据调查为同时针对企业和企业内员工进行随机抽样，并且长期纵向追踪，通过之前的文献回顾，我们可以肯定该数据库的研究和开发前景不容小觑。

尤其重要的是，该调查问卷的问题设置涵盖劳动科学四个学科所关注的信息，包括：劳动经济学、人力资源管理、劳动关系以及社会保障等，使得该数据库适合多学科研究的综合利用和开发。

四 第二次试调查

本书将采用该调查第二次试调查数据，即"2012年中国雇主—雇员匹配数据调查"采集的数据。下文中，"匹配数据调查"特指"2012年中国雇主—雇员匹配数据调查"，"匹配数据"特指"2012年中国雇主—雇员匹配数据调查"所采集的数据库。

（一）样本总体

调查总体为全国30个省、自治区、直辖市（不含香港、澳门、台湾、西藏）所辖的从事第二产业和第三产业的全部法人单位、产业活动单位和个体经营户及其雇员。

本次调查在全国10个大中城市展开，共完成调查企业样本350家，员工样本3566人。样本企业的地域分布是首先按我国经济版图的东、中、西和东北四个部分，每个区域各抽选一个省会城市和一个一般地级市，北京作为直辖市代表，另外增加了一个南方城市，共10个城市。350家企业在城市间的分布为：北京市50家企业，福州、济南、成都、长春、郑州5个省会城市各40家企业，齐齐哈尔、咸阳、苏州、襄阳4个地级市各25家企业。

（二）抽样框

样本企业的抽选是以2008年全国经济普查数据建立的各市企业名录为抽样框（去除用工10人以下的小微企业），包含企业名称、行业、规模、企业所有制、联系方式等基本信息。采用按企业人数规模分层的二阶段抽样，第一阶段按企业规模排序后每市等距抽取3000家企业，第二阶段是按各市调查样本规模以简单随机抽样方式抽取若干组随机样本。从任意一组开始接触访问，在访问中遇有样本企业失联、丢失、延误和拒访的情况，则以下一组随机样本中的同类（规模和行业）企业替换，依次类推至完成该市调查样本要求的企业数目。

员工样本的抽选则是在进入调查企业后，在控制一线员工、技术人员和管理人员（不包括高层管理人员）三类员工6∶2∶2的基本比例和老、中、青兼顾的前提下，由企业方指定员工接受访问。员工样本容量确定是，平均每个企业访问10名员工，调查中根据企业人员规模作增减调整，最多不超过20人，最少不低于5人。

（三）抽样方式

本次调查采用不等比例分层抽样与层内系统抽样相结合的抽样方法。先从统计局企业名录中随机抽取到调查企业，然后从能够配合调查的企业中根据员工花名册进一步随机抽样得到员工观测值。具体过程如下：

1. 分区域

将全国30省、自治区、直辖市按照社会经济发展水平分为四个区域，即东部地区、东北地区、中部地区、西部地区四个区域，如表2-1所示。

表2-1　　匹配数据调查中企业样本的区域划分情况

区域	省/自治区/直辖市
东部地区	北京、天津、河北、山东、上海、江苏、浙江、福建、广东、海南
东北地区	黑龙江、吉林、辽宁
中部地区	河南、山西、湖南、湖北、安徽、江西
西部地区	内蒙古、宁夏、四川、陕西、广西、甘肃、青海、重庆、云南、贵州、新疆

2. 分层级

每个区域内将调查总体按照行政级别分为两层：直辖市/省会城市为一层，一般地级市为一层，层内城市根据企业数量进行PPS抽样。每层内的直辖市/省会城市选取1个，一般地级市选取1个，北京作为第一阶段的试点城市本次进行追踪访问，共9个城市，如表2-2所示。

表2-2　　匹配数据调查中城市样本的地区分布情况　　单位：家

区域	直辖市/省会城市	一般地级市	小计
北京	1		1
东部地区	1	1	2
东北地区	1	1	2
中部地区	1	1	2
西部地区	1	1	2
合计	5	4	9

3. 企业样本量分配

考虑到省会城市和一般地级市企业数量和类别的差异，两类样本量分配也略有不同。

（1）北京追踪访问保持50家企业；

（2）省会城市每个城市45家企业，共180家企业；

（3）一般地级市每个城市30家企业，共120家企业；

（4）全国共350家企业。

4. 城市内企业抽样

已抽中城市获得该城市的经济普查名录，考虑行业、规模、所有制形式对劳资问题的影响较大，结合行业和企业规模，分层抽样。

企业界定：独立法人或独立核算的企业。第二次试调查范围包括10个省10个城市，350家企业，如表2-3所示。

表2-3　　　匹配数据调查中企业样本的城市分布情况　　　单位：家

城市代码	省	市	企业数
11	北京	北京	50
12	黑龙江	齐齐哈尔	25
13	吉林	长春	40
14	山东	济南	40
15	河南	郑州	40
16	四川	成都	40
17	福建	福州	40
18	江苏	苏州	25
19	湖北	襄阳	25
20	陕西	咸阳	25

本次试调查数据中，员工样本量为3566个，其中，女性员工样本1932个，占54.18%；男性员工样本1634个，约占45.82%。

（四）调查方式

本次调查的方式是，首先由调查访问员电话预约样本企业，预约成功后再登门访问填答问卷。

(五) 问卷完成情况

本次调查入访企业填答问卷的工作于 2012 年 8 月至 12 月期间实施完成。共计完成了 350 家样本企业的问卷填答和样本企业内 3566 个员工的问卷填答。经后期计算机录入和数据清理工作，350 份企业问卷和 3566 份员工问卷全部有效，部分敏感性调查项目存在少数回答缺失情况（如在企业营业收入、利润和总资产等调查项目上），总数据缺失率未超过 1%。

经数据整理和分析比对，本次调查的企业样本，在行业分布、企业规模构成、企业登记类型等维度上都获得了与 2008 年全国经济普查数据结构比较相近的结果，表明本次调查的企业样本是具有一定的代表性的。

本次调查不仅具有详细的个人特征方面的信息（"雇员"问卷中），如年龄、受教育程度、最高学历、所学专业、民族、户口所在地、户籍状态、婚姻状态、是否是中共党员，等等；家庭特征方面的信息，如家庭经济状况、父母的年龄、受教育程度、职业、健康状况以及被调查者的子女状况等；职业方面的信息。还具有详细的企业方面的特征（"雇主"问卷中），以及其他各种调查所不曾涉及的"员工在企业中的信息"。

下文中将详细介绍这些变量信息。

第三节 变量的选择和描述

分析性别工资差异的第一步，是思考造成这种差异的潜在来源有哪些。

一 个人特征变量

（一）受教育程度

首先，非常重要且可衡量的一个因素是教育。在实证研究中，衡量"教育"通常有两种形式：最高受教育程度和受教育年限。前者通常处理为虚拟变量,可以具体地分析不同教育程度的收入效应;后者则按连续变量处理,在不需要特别区分不同教育程度对个人收入的影响时采用。

我们通常会观察到,受教育程度较高的人,其工资水平也相对较高。教育对工资的影响程度可能会受到各种因素的影响而发生变化,但教育对个人工资收入总是具有显著的正向影响。教育影响工资的机制通常有以下两种:其一,教育本身就是一种生产力要素,受教育程度越高的人,越有可能利用新技术,越有可能在生产中积累工作经验、发明出新的生产方法,进而越有可能提高自己的劳动生产率。其二,教育具有信号功能(Spence,1973)。该理论认为,虽然教育本身对生产活动没有直接影响,但它是劳动者个人能力的一种信号。而个人能力对生产活动具有促进作用,即劳动者的个人能力越高,其劳动生产率也越高。那么,在信息不对称的情况下,雇主如何判断劳动者的能力高低呢?受教育程度就成为其中一个非常重要且直观的标准。这是因为,能力不同的人获得相同教育程度的成本不一样,能力高的人成本较小;反之,能力小的人成本较大。在这样一种机制下,能力高的劳动者受教育程度也较高,雇主也会为受教育程度高的劳动者支付更高的工资报酬。

关于教育回报率的研究,是劳动经济学中很重要的一部分内容。教育回报率是衡量教育对工资收入的影响程度的重要指标之一,它指的是,增加一年的受教育年限,工资会增加百分之几。在有关教育回报率的文献中,经济学者们经常争论的一个问题是教育内生性的问题。尤其是,如果研究的目的本身就是识别教育对工资的影响程度,教育内生性问题就是一个不可回避的问题。但是,在性别工资差距问题的研究中,教育内生性问题就不再是一个严重的问题,这主要是因为:一是解决内生性问题之后,得到的结果具有局部对待效应(Local Treatment Effect)(Angrist,1996),在一般情况下,这种结果不能推广到所有人群。具体到性别工资差距问题的研究,最后进行比较的可能是部分男性和部分女性的情况，并且在现实中我们很难确定这些男性和女性到底是指哪部分人群。二是我们主要关心的是引起性别工资差距的因素及其相对重要性（教育只是其中因素之一），并不关心教育影响工资的具体机制如何。

教育会影响工资，因此，我们在研究性别工资差异的时候，会考虑男性和女性的受教育水平是否存在差异。女性在受教育方面受到不平等待遇的原因主要有三个：一是中国是世界上封建社会历史最长的国家之一，深受"男主外，女主内""女子无才便是德"等传统思想的影响，认为女性应主要从事家务劳动，因此整个社会并不重视对女性的教育；二是当整个社会的经济水平较低，家庭收入水平低下的时候，出于"养儿防老"的考虑，对家庭中女性的教育投资更为谨慎，这也是导致女性平均受教育水平低下的原因之一；三是当前劳动力市场上，女性工资低于男性工资的状况，也会影响家庭对女性的教育决策。新中国成立以后，特别是在改革开放之后，男女平等的思想与家庭收入水平的提高，使男性和女性在教育方面的差距逐渐缩小。另外，由于计划生育政策的推行，大多数家庭中只有一个孩子，家庭在做教育决策的时候不再存在性别方面的选择余地，这也直接促使女孩子的平均受教育程度提高，从而男女性别之间的教育差距缩小。

教育对性别工资差距的影响程度与经济体制改革的过程密切相关。在计划经济时期，工资收入分配中平均主义严重，受教育程度较高的劳动者即使其劳动生产率较高，也不会因此得到比其他一般劳动者更高的工资收入。即在计划经济时期，整体的教育回报率较低。在这样一种工资制度下，即使男性和女性之间在受教育程度方面存在较大的差距，也不会对男女性别工资差距造成太大的影响。改革开放之后，由于工资制度与劳动用工制度的改革，劳动者的工资水平与其劳动生产率的联系越来越密切，且劳动者在各部门之间的流动性越来越强，受教育程度不同的劳动者之间的工资差距逐渐扩大，教育回报率越来越高。在这种情形下，如果男性和女性之间的教育水平差距保持不变的话，教育对性别工资差距的影响会越来越大。

受教育程度的衡量指标有两个：最高学历程度和受教育年限。

在"匹配数据调查"问卷中，个人"最高学历程度"被设计为10个等级的选项，分别是：（1）不识字；（2）初识字；（3）小学；（4）初中；（5）高中；（6）中专/职高/技工学校；（7）大专/高职/高级技工学校；（8）大学本科；（9）研究生（硕士）；（10）博士等。而在2010年第六次全国人口普查（以下简称"六普"）中，受教育程度为7个等级，分别是：（1）未上过学；（2）小学；（3）初中；（4）高中；（5）大学专科；（6）大学本科；（7）研究生等。为统一起见，我们将"匹配数据调查"中的（1）和（2）合并，等同于"六普"中的（1）；将"匹配数据调查"中的（5）和（6）合并，等同于"六普"中的（4）；将"匹配数据调查"中的（9）和（10）合并，等同于"六普"中的（7）。经过如上整理后，我们可以得到"六普"和"匹配数据调查"劳动者受教育程度的状况，如表2-4所示。

表2-4 "匹配数据调查"与"六普"中劳动者受教育程度情况比较

单位:%，人

	2010年"六普"			2012年"匹配数据调查"		
	全部人口	男性	女性	全部人口	男性	女性
未上过学	0.61	0.38	0.93	0.84	0.60	1.03
小学	8.24	7.62	9.08	2.22	2.88	1.66
初中	39.62	40.64	38.24	17.25	19.83	15.06
高中	25.26	25.99	24.27	34.52	36.11	33.18
大学专科	14.28	13.56	15.26	25.13	22.03	27.74
大学本科	10.66	10.42	10.97	18.28	16.71	19.62
研究生	1.33	1.39	1.25	1.77	1.84	1.71
样本量	19206276	11063430	8142846	3566	1634	1932

从"六普"数据来看，低学历者，即小学及以下学历程度的人数占到 8.85%；高等学历，即大学本科及以上学历者人数占 11.99%；在中等学历者中，初中学历者的人数占 39.62%，为全部人口样本的学历水平中人数最多的一部分。而在"匹配数据"中，低学历者（小学及以下）仅占 3.06%，而高学历者（大学本科及以上）占近 20%。

受教育年限（年）由"最高学历"对应的学校教育时间加总得出。即：文盲＝0，小学＝6(0+6)，初中＝9(0+6+3)，高中＝12(0+6+3+3)，大学专科＝15(0+6+3+3+3)，大学本科＝16(0+6+3+3+4)，硕士＝18(0+6+3+3+4+2)。从"匹配数据"的全部样本来看，女性的受教育年限略高于男性。进一步分析"受教育程度"还可以发现，女性在高中及以下学历水平的分布比例略低于男性，占 50.94%，而男性为 59.43%；但在较高的学历水平，即大学专科及以上的分布比例则相应高于男性近 10%。

（二）工作经验

除了受教育程度之外，工作经验是影响工资的另外一个非常重要的因素。这里所说的工作经验是指工作年限的长度（本书中以"调查年份"减去被调查劳动者"初次参加工作的年份"计算工作经验），而不是指人们通常所理解的狭义上的类似"技巧"意义上的经验。工作经验对工资的影响是非线性的，即既有正面的影响也有负面的影响。

随着工作经验的增长，劳动者对自己所从事的生产活动会更加熟悉，更有可能在实际操作中改善劳动方式提高劳动生产率；同时，劳动者的专用性资本会越来越高，跳槽的机会成本越来越大从而可能性越来越小，对企业的忠诚度越来越高，因此企业支付给这些劳动者的工资报酬也会相应提高。这是工作经验对个人工资的正面效应。

工作经验对工资的负面效应是因为，工作经验是同年龄一起增长的，我们知道，随着年龄的增长，个人的学习能力会下降，人的精神状态和注意力也会下降,这些都会降低劳动者的生产效率,从而降低他们工资水平的增长速度。

在一般的工资决定方程,即 Mincer 方程中,都会考虑到工作经验对工资的这两个方面的影响作用,通常的处理方法是加入"工作经验的平方项"。各种研究发现的结果基本一致:工作经验的系数为正值,工作经验的平方项的系数为负值。

在我国,男性和女性在工作经验方面的差距可能是由于以下三个原因造成的。首先,男性和女性的社会责任和家庭责任不同。由于女性要抚育子女,所以会在一段时间内由于生育原因暂时退出劳动力市场。而且,相对于男性来说,女性的家庭责任也更大,如照顾老人和孩子的责任、承担家务劳动的责任等,由于这些原因,女性也更容易退出劳动力市场,或者,大大减少劳动时间。这样一来,女性的工作经验会少一些。其次,女性结束学业的时间会更早一些,在传统的计划经济体制下,城镇女性退出学校之后便会被安排工作。从这个方面来说,女性的工作经验反而会多一些。最后,根据我国《劳动法》对于退休年龄的规定,男性为 60 岁,女性为 55 岁,这一规定通常会减少女性的平均工作经验。

与教育类似,工作经验对性别工资差距的影响程度也与经济体制改革的过程密切相关。如前文所指出的,在计划经济时期,我国主要实行等级工资制度,工资定级所主要参考的标准就是参加工作的年限,因此工作经验对个人工资收入的影响就显得格外重要。20 世纪 80 年代初,由于效益工资制度的实行,工资更多的是与个人的劳动生产率挂钩,于是,工作经验对工资的影响力相对减弱。90 年代中期以后,很多企业单位和事业单位实行的是岗位工资制度,虽然工资的一部分,即工龄工资与工作经验有关,但是个人工资主要是由所从事的岗位决定,工作经验不再是很重要的决定因素。更重要的是,在这段时期,新知识的不断采用和知识更新率的不断提高,工作经验对劳动生产率的促进作用大大下降,这进一步降低了工作经验对工资的决定能力。总而言之,工作经验对工资的影响力越来越小，对性别工资差距的影响程度也越来越小。

（三）工时数量

在同一职业领域，劳动者的工资性报酬还会受到个人的工时数量的影响。由于领取薪水的劳动者在工作时数较长时会得到一笔补偿性工资，因此，在性别工资差异中，有一部分可以用女性的工时数量较少加以解释。另外，很多研究证明，在同一职业领域，女性的工作经验通常比男性更少（有时还会出现职业中断），而且她们获得晋升的可能性也会更少。

二 职业特征变量

之前国内针对职业隔离对性别工资差异问题的研究，之所以不能深入进行的其中一个不可回避的原因，就在于国内数据库中均缺乏企业内职业方面的变量。例如，CHNS 数据，虽然有详细的个人信息（个人特征、工时、工资、职业类型等）、家庭信息（父母、兄妹以及子女的情况等）和企业信息（工作单位类型等），但缺乏行业信息和企业内信息。RUMIC 数据，同样具有详细的个人信息和家庭信息，但是，企业信息仅包括单位所有制、企业规模以及企业所属行业，职业信息仅有一个开放式的"职业名称"的设置（这种变量在后期整理起来会非常麻烦，而且很难与其他调查对接），各种自调查数据更是不可能全面覆盖职业隔离的研究所需要的变量信息。

"雇主—雇员匹配数据"在研究职业隔离问题上的优势，正是在于它在具有详细的个人信息的基础上，给出了较为详细的职业信息及企业信息。

（一）行业与职业的相关信息

1. 职业信息

职业信息（多见于"雇员"问卷部分）包括：

（1）职业种类，分为管理人员、专业技术人员、行政与秘书、技术工人、普通工人和其他人员等；

（2）技术职称，针对生产性企业，分为无职称或证书、初级、

第二章　中国雇主—雇员匹配数据 | 47

中级、高级、技师和高级技师六类；

（3）管理人员级别，分为非管理人员、低层管理人员（生产性企业包括基层生产的组长、工段长、工头）、中层管理人员［包括中级干部、商业服务业中层、企业中层领导（如车间主任）］和高层管理人员等四个级别；

（4）企业内员工等级，这是一个自我评价的指标；

（5）最初参加工作的年份，可用于计算工龄等。

以上提到的员工职业方面的信息，在"雇主"问卷中，基本上都有相应的企业内人数、比例等信息。

2. 企业信息

企业信息（多见于"雇主"问卷部分）包括：

（1）企业组织机构代码，可与国内一些大型调查数据对接；

（2）企业所处的行业类别，这里采用包括 20 类的"标准行业代码"进行分类；

（3）企业所在地，可以做地区间的比较研究；

（4）企业的工商登记注册类型，分为 10 类，与"经济普查"保持一致；

（5）企业全部员工数，也就是企业规模。

3. 员工在企业内的信息

员工在企业内的信息（多见于"雇主"问卷部分）包括：

（1）企业女性员工数；

（2）企业中按职业种类、技术职称以及管理级别划分的各类人员数等。

4. 行业与职业分类

由于考虑到研究者可能会根据不同的行业、职业标准对研究中采用的"行业""职业"重新分类，在对"中国雇主—雇员匹配数据"的问卷进行设计时，设计者们特意设定了两个开放性问题：

（1）雇主问卷中，设问："贵企业的主要业务（产品或服务种类）_____"。研究者们可以依此重新界定企业所处行业。

（2）雇员问卷中，设问："您的具体工作岗位名称_____；工作具体内容描述_____"。研究者们可以依此重新界定员工所从事的职业。

本书正是根据问卷中被调查者们对这两个问题填制的详细信息，按照第六次全国人口普查中关于"行业"和"职业"的详细界定，对原始数据库中的"行业"和"职业"变量进行重新赋值。下面将详细进行介绍。

（二）行业变量

本书中的"行业"变量按照"六普"中"行业代码"的定义进行重新分类和赋值。"六普"中将行业分为20大类，本书中"行业"分类赋值亦相应为1—20（其中，调查中不涉及的行业类型则为缺省值）。

按照"六普"的行业大类标准，在本书中，350家企业的行业分布如下表所示：

表2-5　　　匹配数据调查中企业的行业分布情况　　　单位：家，%

行业大类代码	行业类别	企业数	分布比例
1	农、林、牧、渔业	3	0.86
2	采矿业	0	0
3	制造业	108	30.86
4	电力、燃气及水的生产和供应业	3	0.86
5	建筑业	8	2.29
6	交通运输、仓储和邮政业	13	3.71
7	信息传输、计算机服务和软件业	12	3.43
8	批发和零售业	81	23.14
9	住宿和餐饮业	28	8.00
10	金融业	14	4.00
11	房地产业	33	9.43
12	租赁和商务服务业	12	3.43
13	科学研究、技术服务和地质勘查业	16	4.57

续表

行业大类代码	行业类别	企业数	分布比例
14	水利、环境和公共设施管理业	1	0.29
15	居民服务和其他服务业	9	2.57
16	教育	4	1.14
17	卫生、社会保障和社会福利业	1	0.29
18	文化、体育和娱乐业	4	1.14
19	公共管理与社会组织	0	0
20	国际组织	0	0
样本量		350	

分行业大类进行分析时，由于企业样本量比较少，有些行业中调查到的企业数过少而无法具有代表性，从而产生较大的测量误差，而且在对行业内部进行分析的时候也无法细分到每一个具体的行业逐一分析，我们将行业性质相近的一些行业归并在一起。于是本书将此次匹配调查试调查中涉及的17个行业按照相近的行业特征归并为四个行业大类，集中样本以方便后面的研究工作。其中，

第一类包括：农、林、牧、渔业（行业代码1），制造业（行业代码3），电力、燃气及水的生产和供应业（行业代码4），建筑业（行业代码5），交通运输、仓储和邮政业（行业代码6）5个行业；

第二类包括：批发和零售业（行业代码8）、住宿和餐饮业（行业代码9）、金融业（行业代码10）、房地产业（行业代码11）、租赁和商业服务业（行业代码12）、居民服务和其他服务业（行业代码15）6个行业；

第三类包括：水利、环境和公共设施管理业（行业代码14）、教育（行业代码16）、卫生、社会保障和社会福利业（行业代码17）、文化、体育和娱乐业（行业代码18）4个行业；

第四类包括：信息传输、计算机服务和软件业（行业代码7），科学研究、技术服务和地质勘查业（行业代码13）2个行业。

通过分类我们可以看出，第一类行业为"生产性行业"，主要

从事各种生产活动，多为基础设施建设，属于体力劳动的行业；第二类行业为"商业服务业"；第三类行业为"文化教育业"；第四类行业为"技术性行业"，从事该行业需要专业的知识和技术才能。

（三）职业变量

本书中的"职业"变量按照"六普"中"职业代码"的定义进行重新分类和赋值。"六普"中将职业分为七大类63小类，鉴于"匹配数据"中的样本量较小，仅按照职业大类将"职业"分类赋值为1—7（具体研究中，仅保留前六大类的人群样本）。其中职业大类为：

第一类：国家机关、党群组织、企业、事业单位负责人；

第二类：专业技术人员；

第三类：办事人员和有关人员；

第四类：商业、服务业人员；

第五类：农、林、牧、渔、水利业生产人员；

第六类：生产、运输设备操作人员及有关人员；

第七类：不便分类的其他从业人员。

职业也是一个有助于解释性别工资差异的可衡量因素。从很多实证性研究的结论中可以看出，女性在低工资职业的从业人员中所占的比例明显过高，而在高工资职业的从业人员中所占的比例却明显过低。因此，在性别工资差异中，至少有一部分是由职业分布状况不同造成的。此外，很多研究结果显示，即使是在相同的职业中，女性的工资性报酬也大大低于男性。

我们可以将第一类职业简称为"单位负责人"；第二类职业简称为"专业技术人员"；第三类职业简称为"办事人员"；第四类职业，即"商业和服务业人员"简称为"商业服务业人员"；第五类职业简称为"农副业人员"；第六类职业简称为"产业工人"。

很显然，在控制了受教育水平、工作经验、工时数量和职业之后，不同性别之间的工资性报酬差异已经大部分得到了解释，而剩下的差异还可以由另外一些可衡量的因素加以解释。然而，即使是所有可衡量的因素均已包含在我们的分析当中，还是存在有一些差异无法得到解释的可能。如果事实果真如此，其原因可能有两个：其一，这些无法解释的工资差异可能是由于某些因性别原因导致，并且确实会对生产率产生影响，但是研究者们却无法观察到的因素（例如，当市场工作和家庭生活之间出现冲突时，男性和女性对待两者的相对重要性程度是不同的）所造成的。其二，这些未能得到解释的工资差异可能是劳动力市场上存在歧视性待遇的结果。对于前者，我们暂时无法解决，那么，我们就应该着重分析一下后者——究竟什么是歧视？如何衡量歧视？

在本书的研究中还将选择哪些变量，这会在每个特定问题的研究中具体分析。

三　企业特征变量

在"中国雇主—雇员匹配数据调查"中，企业（雇主）信息是非常重要的。企业特征虽然不属于个人信息，但是它无疑会对个人收入产生重要的影响。尤其是经济转型时期，企业越来越多地掌握了员工工资的定价权，企业所属的产业部门、控股类型以及企业规模的大小，都会直接影响到其所属的劳动者的工资收入。企业特征对性别工资差异的贡献也是本书的重要研究视角之一。

（一）工商登记注册类型

表 2-6　　匹配数据调查中企业的工商登记注册类型　　单位：家，%

序号	工商登记注册类型	企业数	分布比例
1	国有企业	28	8.00
2	集体企业	13	3.71
3	股份联合企业	7	2.00
4	联营企业	3	0.86
5	有限责任公司	117	33.43
6	股份有限公司	36	10.29
7	私营企业	118	33.71

续表

序号	工商登记注册类型	企业数	分布比例
8	港澳台商投资企业	4	1.14
9	外商投资企业	14	4.00
10	个体经营	10	2.86

(二) 企业控股情况

在匹配数据中,由于企业的工商登记注册类型与企业控股情况具有较高的相关性,我们选择后者作为研究中衡量企业特征时具体使用的变量。

表 2-7　　　　匹配数据调查中企业的控股情况　　　单位:家,%

序号	控股情况	企业数	分布比例
1	国有控股	44	12.57
2	集体控股	49	14.00
3	私人控股	240	68.57
4	港澳台商控股	7	2.00
5	外商控股	10	2.86

(三) 企业规模

"匹配数据"分行业,结合从业人员数和销售额对行业内大、中、小型企业进行划分,划分标准如下:

表 2-8　　　　匹配数据调查中企业规模的划分标准

行业名称	指标名称	计算单位	大型	中型	小型
工业企业	从业人员数	人	2000 及以上	300—2000	300 以下
	销售额	万元	30000 及以上	3000—30000	3000 以下
建筑业企业	从业人员数	人	3000 及以上	600—3000	600 以下
	销售额	万元	30000 及以上	3000—30000	3000 以下

续表

行业名称	指标名称	计算单位	大型	中型	小型
批发业企业	从业人员数	人	200 及以上	100—200	100 以下
	销售额	万元	30000 及以上	3000—30000	3000 以下
零售业企业	从业人员数	人	500 及以上	100—500	100 以下
	销售额	万元	15000 及以上	1000—15000	1000 以下
交通运输业企业	从业人员数	人	3000 及以上	500—3000	500 以下
	销售额	万元	30000 及以上	3000—30000	3000 以下
住宿和餐馆业企业	从业人员数	人	800 及以上	400—800	400 以下
	销售额	万元	15000 及以上	3000—15000	3000 以下
商务及科技服务企业	从业人员数	人	400 及以上	100—400	100 以下
	销售额	万元	15000 及以上	1000—15000	1000 以下
信息传输企业	从业人员数	人	400 及以上	100—400	100 以下
	销售额	万元	30000 及以上	3000—30000	3000 以下

在此，我们只介绍"企业规模"的划分标准，为避免重复，我们将在实证研究部分具体使用到这一变量的时候进行统计描述。

第三章 中国性别工资差异的全因素影响分析

本章首先介绍了工资制度改革和《劳动法》的颁布与完善，这也是性别工资差异问题日渐凸显的制度因素；然后，对中国性别工资差异问题的研究文献做了简单的回顾。实证研究部分，首先通过对一系列嵌套的拓展工资方程模型进行最小二乘回归（OLS），估计了女性性别的收入效应，以及这种效应如何受到其他因素的影响，尤其是，行业间和职业间性别隔离（不同行业间和职业间的性别分布）对劳动者个人收入的影响；然后在此基础上，使用改进的Oaxaca分解方法，通过对工资回归方程的全因素分解，区分出个人特征、企业特征、行业间和职业间的性别隔离对性别工资差异的贡献。

第一节 劳动力市场歧视与性别工资差异

一 劳动力市场歧视

经济学家为劳动力市场歧视下了一个非常准确的定义：歧视，是在所有经济方面都相同的个人之间的报酬差别，或者说是在劳动力市场上，对工人与劳动生产率无关的个人特征的评价。这些人具有相同的劳动生产率，只是在一些非经济因素的个人特征方面有差别，如种族、性别、原有国籍、宗教等，从而引起待遇上的差别。但不同性别或种族的个人存在报酬差异本身并不是歧视的充分证明。一个人在劳动力市场上的价值,应当取决于所有对边际劳动生产率产生影响的供给和需求方面的因素。但是,如果与劳动生产率无关的因素在劳动力市场上具有了"价值",就有可能导致歧视。其中,种族和性别通常被认为是这些与劳动生产率无关的因素中最为突出的因素。

劳动力市场歧视的定义中隐含着前劳动力市场歧视和劳动力市场歧视。所谓前劳动力市场歧视,剥夺的是劳动者与生俱来的禀赋和就业前所掌握的能力。前劳动力市场歧视可以采取很多种形式,例如,劳动者个人只接受了较少的教育或者得到较差的健康照顾;或者,他们的父母让儿子上大学而只让女儿读中学等。劳动力市场歧视是指在劳动力市场上具有同等竞争能力的人受到不平等的待遇;晋升机会,或者得到的工资报酬与他们的表现无关而只是取决于雇主的偏见。所以,歧视对经济后果的影响体现在两个方面:一方面是在前劳动力市场获取的、能够在以后的劳动力市场中产生收益的技能和特征,如受教育程度和身体健康状况等;另一方面是这些技能和特征在劳动力市场上带来的回报。

性别歧视通常表现为以下两种形式:一种是"工资歧视",女性员工的工资,要低于与她们职业相同、工作经验相同且工作条件相同的男性员工的工资,即"男女同工不同酬";另一种是"职业歧视",与男性员工具有同等受教育水平和生产率潜力的女性员工,被安排到工资较低或者是责任水平较低的工作岗位上;同时,高工资和声望较高的工作被留给男性员工。

劳动力市场歧视的基本含义是,劳动者的工资既是他们的生产率特征(他们个人的人力资本特征以及他们受雇企业的特征等)的函数,也是他们的每一种生产率特征在劳动力市场上可以要求的价格的函数。因此,经济理论表明,性别工资差异既有可能由劳动者受教育年限或工作经验等生产率特征不同所导致,也有可能由女性和男性在同样增加受教育年限或工作经验的情况下,各自所得到的补偿有所不同而导致。当雇主针对相同的生产率特征所支付的价格因为劳动者性别不同而呈现系统性差别时，就意味着在劳动力市场上存在性别歧视。换言之，如果具有相同生产率特征的男性和女性即使从事相同的工作，所得到的工资也不相同，我们就可以认定，在劳动力市场上存在性别歧视问题。

二　性别工资差异

由于本书对性别收入差距的讨论主要基于劳动者的"工资"，这里的工资是指"调查期的上月基本工资"，其中不包括补贴、绩效工资、奖金、额外工资、兼职工资等其他收入项目，因此，本书的研究对象更确切地表述为"性别工资差异"（gender wage difference），可能与其他一些研究文献中讨论的"性别收入差距"（gender income gap）存在差别。

（一）性别（收入）差异

"性别差异"的概念可以指女性和男性在参与有偿工作或获得报酬方面的任何系统性差异。教育或工作经验等人力资本的性别差距、就业参与的性别差距和收入的性别差距是经常研究的对象。然而，研究人员和政策制定者最关心的性别差异通常是收入方面的性别差距。这种差异往往通过比较全年全职工作的女性和男性的年收入或周薪的中位数来衡量（例如，如果男性赚100元，女性只赚77元，那么男女年收入差距为23%）。自20世纪初以来，性别差异已经大大缩小，但女性和男性的收入差距仍然存在。此外，这种缩小趋势并不是线性的，差距偶尔会扩大。

性别差异大幅缩小的部分原因是，女性的受教育水平和对劳动力市场的依附性不断提高、女性进入历史上以男性为主的职业，以及服务经济的增长。然而，同样重要的是，由于制造业的就业机会减少，以及最低工资的冻结，男性的工资也有所下降。性别差异的大小因受教育程度、技能水平和工人年龄而异。与受教育程度较低、技能较低的工人相比，在受过高等教育、拥有高技能的工人中，性别差异通常更大。这在一定程度上与"玻璃天花板"效应有关，即女性在晋升到组织中最高职位时所面临的障碍。与年龄较大的人群相比，年轻人群中的性别差异较小。

虽然这一群体差异在一定程度上反映了年轻女性相对于年轻男性，其人力资本在不断增加，但随着群体年龄的增长，由于平衡有偿工作和家庭的性别模式，性别差距会越来越大。

（二）对性别收入差异的解释

对性别收入差异的解释通常分为个体层面和结构层面。个体层面的解释强调劳动者的人力资本、关于工作和家庭的决定以及补偿性差异。结构层面的解释关注于组织和劳动力市场，以及个人在这些结构中的行为。然而，个体层面与结构层面是相互影响的。

1. 个体层面的解释

现有研究估计，人力资本方面的性别差异占性别收入差距的10%至50%。另外四分之一可归因于人力资本特征回报率的性别差异。人力资本包括劳动者的受教育水平、技能（等级）和工作经验。随着时间的推移，人力资本对性别差异的解释能力已经下降，因为女性的工作经历越来越连续，而且最近大学毕业的女性越来越多。然而，女性获得的毕业证（专业）往往与男性不同：女性的学位偏重人文和艺术，而男性则偏重自然科学。男性获得的学位往往能带来更高收入的工作。

生育和婚姻为劳动力市场结果带来了性别上的影响。男性因为抚养孩子而享受工资溢价，而女性反而会受到工资惩罚。由于家庭劳动分工的不平等，女性继续承担着不成比例的育儿和家务劳动，并且更有可能因为家庭原因而减少工作时间。男性很少做出这些改变，事实上，许多男性在孩子出生后增加了工作时间。丈夫工作时间长的已婚女性尤其有可能减少对劳动力市场的参与。尽管双职工家庭的数量在增加，但家庭关于配偶事业的决定往往更有利于丈夫，而不是妻子。女性承担更多的家庭责任可能导致她们接受较低的工资，以换取"关爱家庭"的工作。这种权衡被称为"补偿性差异"，通常被用来帮助解释性别差异，但这种解释几乎没有得到支持。事实上，以女性为主的工作往往更不利于员工承担照顾家庭的责任，因为与以男性为主的工作相比，这些工作在时间安排方面所能提供的自主权、灵活性和可预测性更少。此外，能够从事兼职工作也许是对家庭最有利的就业特点之一，但由于性别差异只在那些全职、全年工作的员工中计算，因此女性从事兼职工作并不能解释性别差异。

一些学者认为，女性的工作效率低于男性，是因为女性可能会为了满足家庭需求而无法在工作上多投入精力，或者更容易因家庭责任而在工作中分心。然而，大多数研究都没有发现女性工作强度降低的证据；事实上，研究表明，女性实际上在工作上付出了更多的努力。然而，即使女性在单位时间内的工作强度与男性相当，工作时间上的性别差距依然存在，男性每周工作50小时以上的情况更为普遍。这种情况在薪酬最高的职业中尤为明显。

家庭和就业以不同的方式塑造了男性和女性的社会网络，这可能是造成性别差异的原因。社交网络是求职信息的一个重要来源，但在很大程度上是按性别划分的。特别是，女性的社交网络往往在关系密切的家庭和朋友之间有更多重复性的联系。然而，在关系疏离的网络中，松散的联系更有利于了解就业机会，男性往往就有这种联系。此外，与女性相比，男性的社交网络中有更多地位较高的联系人，这为男性提供了更多有利的工作信息和机会。

2. 结构层面的解释

Joan Acker 提出了一个被广泛引用的理论，探讨性别假设是如何在现代工作场所的结构中构建起来的，并且这些结构使性别差异长期存在（Acker，1990）。工作假设并奖励自主的工人，或在工作之外没有什么要求的个人。妻子是全职家庭主妇的男性最符合这种理想。而对许多女性来说，这一理想很难实现。对于职业女性和管理层的女性来说，雇主期望她们长时间工作，再加上离开劳动力市场的时间会受到严厉惩罚，这让她们很难兼顾有偿工作和家庭生活。对于从事蓝领工作的女性来说，轮班和强制加班可能会使照顾孩子的安排变得复杂。虽然旨在缓解兼顾有偿工作与家庭责任的措施，如灵活的工作时间安排、远程办公和减少工作时间等，在工作场所变得越来越普遍，但个别女性因使用这些政策而招致工资惩罚。

各组织及其执行者促成性别差异的第二种方式是采用歧视性做法。虽然公开形式的性别歧视在很大程度上已成为过去，但更微妙的、往往是无意识的歧视形式仍在影响着雇主在招聘、工作分配、培训机会、晋升和薪酬方面的决定。围绕着男性和女性的工作能力和敬业度的刻板印象影响着这些决定，并加剧了性别差距。关于什么是"适合"女性和男性的工作的文化观念导致了在雇用时的歧视，因为女性往往被安排从事收入较低的"女性工作"。这些刻板印象可能会影响雇主对员工工作表现的评估。如果雇主认为男性更适合从事具有挑战性的任务，并相应地分配这些任务，男性就有机会发展新技能，而女性的技能则停滞不前。随着时间的推移，提供给男性和女性的机会的差异日渐累积成男性和女性之间巨大的技能差距，从而进一步拉开了收入差距。

在父母身份方面，歧视显得尤为突出。文化上对"好母亲"的理解（把孩子看得比工作更重要）与工作场所的要求相悖，而对"好父亲"的理解（强调养家糊口比其他任何事都重要）则与工作场所的期望一致。对比研究发现，同等条件下，没有孩子的女性求职者比有孩子的母亲参加面试的可能性要大得多，她们被认为更有能力、更致力于有偿工作，并获得更高的起薪。然而，在雇主看来，父亲是最敬业、最稳定的员工，他们更有能力胜任具有挑战性的任务，也应该获得更高的工资。由于大多数成年工人最终成为父母，这些形式的歧视可能会导致长期的性别收入差距。由于教育领域的性别差异、性别化的社会网络和雇主行为等因素的共同作用，职业性别隔离仍然会在许多国家劳动力市场上长期存在。

第二节　中国性别工资差异的主要影响因素

一　制度因素

这是中国性别工资差异独特的成因之一。

（一）工资制度改革

我国分别在1956年、1985年和1993年实行了三次较大的工资制度改革。第一次工资制度改革的标志是1956年6月16日国务院全体会议第32次会议通过的《关于工资改革的决定》（以下简称《决定》），其主要内容是建立等级工资制度。按照《决定》，普通企业工人的工资标准分为8个等级；工程技术人员的工资标准分为18个等级，并按照产业分为5种；行政人员的工资分为30个等级（后来调整为24个等级）。工资等级的设定多与资格和年龄有关，而与个人的工作业绩和所在单位的经济效益无关。在这种工资制度下，国家是工资分配的主体，制定统一的工资标准、工资制度、工资政策。

第二次工资制度改革的标志是1985年1月5日国务院颁布的《关于国营企业工资改革的通知》，其主要内容是建立效益工资制度。企业工资总额通过企业经济效益挂钩，工资的增加幅度同企业经济效益的增长幅度挂钩。同时，国家对工资实行分级管理，国家负责核定省级和国务院有关部门所属企业的全部工资总额，及其随同经济效益浮动的比例。其他企业的工资总额和浮动比例，由省有关部门在国家核定给本地区所属企业的工资总额和浮动比例的范围内逐级核定。国家不再统一安排工资改革和工资调整。经过这次改革，省与省之间，企业与企业之间，企业单位和机关、事业单位之间，不同的行业之间，工资都会存在差别。即使在同一个企业内部，因为个人贡献和劳动类型的不同，职工之间也会存在工资差别。从这时起，工资分配开始兼顾国家、企业和个人三者的共同利益，并且企业在工资方面的自主权越来越大。

第三次工资制度改革的标志是1993年国务院下发到各相关单位的《国务院关于机关和事业单位工作人员工资制度改革问题的通知》。这次工资制度的改革的目标主要有两个：一是将事业单位的工资和机关单位的工资进行分离；二是明确规定工资增加的机制，即1993年以后，事业单位和机关单位的工资是两年调整一次。在同一年，与工资改革相关的另外一件大事是，中共十四届三中全会确立社会主义经济体制改革的目标就是建立社会主义市场经济体制，其中一个重要原则是，允许多种非公有制经济成分和公有制并存。在非公有制企业中，工资差距（包括男女性别工资差距）的不平等程度更高一些。

1995年，实现岗位技能工资制。岗位技能工资制是一种以按劳分配为原则，按职工实际劳动贡献确定劳动报酬的企业基本工资制度。岗位技能工资制由岗位工资、技能工资、特殊待业工资和辅助工资四个单元组成。为进一步深化内部工资分配制度改革，解决长期以来存在的固定工资不能进行活分配，职工工资与企业经济效益和自身劳动成果脱节问题，在继承原岗位技能制改革成果的基础上，部分企业提出了岗位技能效益工资制方案，开始实行工资总额同经济效益挂钩办法。职工工资由四部分组成，分别是：基础工资、效益工资、年功工资和津贴补贴。实行岗位技能工资制，使得企业管理者获得了更多的工资定价权。

(二)《劳动法》的颁布和完善

与工资制度改革并行的是劳动用工制度改革，相较之下，后者更加谨慎。《劳动法》是我国劳动用工制度改革的重要标志之一。《劳动法》第15条规定："禁止用人单位招用未满16周岁的未成年人。"这一规定也是本书中选择研究样本的一条重要标准。在保护女职工合法权益方面，《中华人民共和国劳动法》主要作出了以下7条规定，具体条款有第13条、第27条、第29条、第59条至第63条等。如第59条规定："禁止安排女职工从事矿山井下，国家规定的第四级体力劳动强度的劳动和其他禁忌从事的劳动"；第60条规定："不得安排女职工在经期从事高处、低温、冷水作业和国家规定的第三级体力劳动强度的劳动"；第61条规定："不得安排女职工在怀孕期间从事国家规定的第三级体力劳动强度的劳动和孕期禁忌从事的劳动"；第62条规定："女职工生育享受不少于90天的产假"，等等。

从这些规定中我们可以看出，男性和女性工资存在差距的一些可能的原因：一方面，他们所从事的行业可能不一样，在某些生产性行业中，需要高强度的体力作业，而女性的身体条件使她们难以满足和完成；另一方面，他们的劳动时间也可能不一样，出于对女性生育子女、照顾家庭以及某些身体特殊时期等方面的考虑，从法律规定上减少了她们的劳动时间。

二 人力资本因素

"人力资本"是劳动社会学中的一个基本概念。许多社会科学学科都引用了人力资本的概念，并将其应用于社会学的许多领域，包括家庭、教育、分层和社会流动性。它影响着个人的劳动力市场经验、人际交往、组织结果、劳动力市场的运行和国家经济的发展。人力资本影响个人生产力的知识、技能、经验、健康、个人属性和价值观的储备。完成学校教育、积累工作经验、完成计算机课程、个人的守时倾向，以及良好的心理健康，都是人力资本的形式，因为它们能提高个人的生产力。如同其他形式的资本一样，人力资本可以通过投资来增长，它可以升值和贬值，并给投资者带来回报。人力资本的一个显著特点是，它与人密不可分。它不能像金融或物质资本那样与个人分离，因为它不像物质资本那样是有形的，所以人力资本既不能转让，也不能被别人拿走，更不能流动，也就是说，它并不能够随时"兑现"其全部价值。

人力资本理论是现代新古典主义经济理论的基石，它是用来解释劳动力市场不平等问题的供给方的主要理论。也就是说，这类解释将不平等的结果归因于在市场上的劳动者个人特征的不平等。它主要是由劳动经济学家雅各布·明瑟（Jacob Mincer）、西奥多·W. 舒尔茨（Theodore W. Schultz）和加里·贝克尔（Gary Becker）提出的。明瑟在他 1958 年发表的文章《人力资本投资与个人收入分配》（*Investment in Human Capital and Personal Income Distribution*）中普及了人力资本这一术语。贝克尔发展并正式确立了这一模型，并因将其广泛应用于一系列人类行为（包括那些被认为不属于经济理论范畴的行为，如婚姻的形成、生育决策、犯罪行为和歧视）而获得诺贝尔经济学奖。贝克尔在他 1964 年出版的《人力资本》（*Human Capital*）一书中提出，人力资本类似于生产所需的物质资本（如厂房、机器和工具），人力资本投资与物质资本投资一样，对生产率最大化至关重要。人力资本投资的形式多种多样，包括在普通教育或特定培训项目中投入资金、时间和精力，通过锻炼或医疗进行健康投资，以及通过反复练习培养特定技能。因此，人力资本产生于任何能够提高个人能力，从而提高工人生产率的活动。这些投资既会产生直接成本（参与投资活动的货币或时间成本），也会产生放弃收入的间接成本（把用于培训的时间花费在劳动力市场上能赚到的钱）。因此，个人在决定进行人力资本投资时，要比较投资的当前成本和提高市场生产率和收入的未来收益。

从人力资本理论中产生了一些预期。首先，该理论意味着劳动者个人的收入将因其拥有的人力资本数量而不同。因此，人力资本投资的增加将导致收入的增加，而拥有相同人力资本存量的个人应该拥有相同的收入。其次，人力资本投资的回报通过工资的增加而归于个人，但由此产生的生产率提高的经济效益也会归于雇主以及更广泛的社会。第三，该模型的组成部分可从个人层面扩展到更高的综合层面。因此，该模型适用于公司、社区和国家人口，因此原则上可以计算出人力资本投资对社会的回报，就像计算对个人的回报一样。例如，对劳动者群体的教育和培训投资会产生初始成本，而这些成本应被其雇主由此获得的额外生产产出所抵消。

  假设个人在初始阶段对培训进行投资，然后他们会在随后的阶段获得投资回报。劳动者在接受培训期间领取的工资低于他在其他地方可以领到的工资，这就是他们为培训付出的代价。培训被认为会提高劳动生产率，因此劳动者会在往后的期间里通过更高的工资从他们的投资中获得回报。该模型对一般人力资本和特定人力资本进行了区分。特定人力资本是针对企业、职业或行业的，只有在特定的市场环境中才能提高生产率。一般人力资本，如受教育年限的增加，在所有的市场环境中都能提高生产率。投资于一般人力资本的成本往往完全由劳动者（或其家庭）承担，劳动者本人获得投资回报。相比之下，雇员和雇主共同承担特定人力资本投资的成本和回报，因为这些投资通常采取在职培训的形式。尽管一般培训和特定培训之间存在这些差异，但该模型预测，这两种形式的培训都会降低起始工资，然而会提高工资增长率。

  在将人力资本模型应用于家庭形成这一主题时，贝克尔通过正式区分市场人力资本和非市场人力资本，进一步扩展了人力资本的概念。非市场人力资本是家庭生产所必需的资本；它包括提高非市场部门生产效率的技能，尽管贝克尔没有具体定义这些技能，但暗示它们与生育、养育子女和管理家庭有关。他用市场和非市场人力资本之间的区别来解释劳动力市场上的性别不平等（包括职业隔离和薪酬方面的性别差距）和家庭中的性别分工，以及为什么这些形式的性别不平等在过去几十年里发生了变化。

  人力资本理论在社会科学各学科中既被广泛引用，也常受到批评。经济学和社会学界对该理论的争论不绝于耳。人力资本理论的批评者指出，人力资本的核心理念过于笼统，在实证分析中难以准确衡量。尽管该理论将人力资本定义得十分宽泛，但在实践中，最常见的操作方法是将认知测试分数与教育程度的某种衡量标准结合起来。尽管实证分析可靠地显示出，劳动力市场结果与人力资本的这种狭义操作之间存在预期的正相关关系，但所解释的方差量也一直很低。例如，此类分析通常只能解释性别收入差距的一半。为了满足提高人力资本可操作性的需求，研究人员近来专注于对非认知特征和人格特征的衡量。非认知能力与注意力、动机、持久性、诚实和有效的社交技能有关。人们早就认识到，职业成功受到非认知能力的影响，但由于认知测试分数易于使用，而非认知特征难以衡量，因此迟迟未能将其纳入人力资本理论的实证检验中。

该理论的另一个核心概念——工人的生产率，也很难直接观察到。因此，研究并不考察人力资本与市场生产率之间的联系，而是侧重于劳动力市场结果，它们作为生产率的近似指标，如就业、职业成就、晋升率和收入。采用这些指标进行的研究往往会发现人力资本与市场生产率之间存在预期的正相关关系，但由于没有对生产率进行直接测量，所观察到的正向效应无法明确归因于生产率的提高。

该理论也因其对宏观经济背景的忽视而受到批评。例如，该理论忽视了市场波动会影响教育证书价值的可能性，而不论其对生产率的影响。正如理查德·弗里曼（Richard Freeman）在《教育过度的美国人》（*The Overeducational American*）一书中所指出的，在20世纪70年代，由于受过高等教育的劳动力供过于求，大学学位的价值大幅下降（Freeman，1976）。连续几代人的相对规模、失业的周期性模式以及对专业学位需求的变化，这些宏观结构和宏观经济的力量可能会影响教育投资的回报，而与教育投资对工人生产率的影响无关。

社会学家批评该理论忽视了社会结构和文化信仰对技能评估的影响。例如，保拉·英格兰（Paula England）的研究表明，由于在文化上贬低女性的工作，与男性占多数的职业相比，女性占多数的职业的薪酬率明显较低（England，2010）。通过大量详细的统计分析，她指出，主要由女性完成的工作以及需要女性特征的工作（如养育），其薪酬率明显低于其他类型的工作。女性和男性从事女性类型工作的薪酬都较低，即使在控制了详细的人力资本投资措施的情况下，薪酬赤字依然显著。女权主义者对区分市场人力资本和非市场人力资本的理论依据提出了质疑。他们认为，这种区分很可能反映了"不同领域"的文化意识形态对经济学家的影响，而无法形成健全的经济理论。

例如，南希·福尔布雷（Nancy Folbre）专注于护理工作所要求和创造的人力资本。护理工作涉及与人沟通并帮助满足他们的需求，包括照顾青少年、老年人和病人（England and Folbre, 1994）。这种类型的劳动所要求的技能通常被归类为非市场人力资本。尽管护理工作可以是有偿的，也可以是无偿的。然而，很大一部分护理工作被定义为正规劳动力市场之外的工作，即它们是无偿的，其产出不计入国内生产总值（GDP），而且从事护理工作的时间不能累积社会保障福利。福尔布雷认为，将护理工作排除在现代市场经济概念之外，会导致女性在经济上被边缘化。此外，她和其他一些学者还认为，对市场劳动的狭义定义使社会对人力资本开发的投资长期不足。他们的论点基于这样一个论断，即护理工作是人力资本发展的主要投入，因为对儿童和青少年的高质量的护理，对他们的认知和非认知技能的发展至关重要。因此，将养育孩子的工作定义为非市场性的，不应该获得报酬，就会使养育孩子的成本被隐藏起来，并使人力资本开发的真实成本被长期低估。

三 职业隔离因素

职业隔离对性别工资差异的影响分为两个层面，一是水平隔离层面，即由于劳动者分处不同职业、行业，从而对工资差距产生影响，也就是讨论职业间、行业间隔离的影响；二是垂直隔离层面，即由于劳动者因其性别在不同的职业或行业内部分布比例不同，从而对工资差距产生影响，也就是讨论职业内、行业内隔离的影响。

性别隔离被认为是造成性别差异的主要原因之一，是因为女性占比例较高的工作，其平均工资低于男性占比例较高的工作，即使这些工作需要同等的技能。人们认为，这种差异在很大程度上是由于传统上女性所从事的工作遭到了文化上的贬低。此外，学者们还发现了一种"护理惩罚"，这意味着在特定职业中，除了女性所占的比例外，需要护理他人的工作的工资低于技能水平类似但不涉及护理的工作。护理惩罚在很大程度上是因为护理与女性和母亲养育孩子联系在一起，所以提供护理被视为一件"自然"的事情，而不是一件值得补偿的事情。女性在护理人员中比例过高，也可能导致性别收入差距。

女性在管理层，尤其是高层管理层中的代表性不足（权威差距）反映了"玻璃天花板"，即尽管今天的女性看起来与男性一样拥有在工作场所取得成功的同等机会，但在很大程度上，无形的程序阻碍了女性进入工作场所权威和特权的顶层。女性在管理层的代表性不足的后果很严重，因为管理人员，特别是高层管理人员，往往是公司内部的关键决策者。与男性主管相比，女性主管应该更少依赖刻板印象，因此对其他女性的评价更有利。女性主管还可能为其他女性提供更多的人脉和指导机会。女性在管理层，尤其是地位较高的管理职位上任职的人数越多，组织中的性别收入差距就越小。社会封闭理论认为，特权群体会设置社会和法律障碍，限制其他人获得最渴望的资源和机会，以便将其保留给该群体的成员。组织内部的排他性做法，如许可证、资格认证和协会会员资格等，都是为了提高特定工作的工资，并确保能把这些工作留给特权群体的工人。

第三节　性别工资差异的文献回顾

很多文献都试图解释为什么性别工资差异在几乎所有的劳动

力市场中都持续存在（Altonji and Blank，1999；Blau and Kahn，2000等）。传统的观点在解释工资差距的时候，关注的是个人的资历及其报酬率在劳动力市场上的性别差异。那么，中国的性别工资差异在多大程度上是由男女自身特征差异引起的，劳动力市场歧视在其中所起的作用又是多大？国内外很多学者对该问题进行了研究。研究多使用 Oaxaca 分解等各种分解方法。工资方程使用的解释变量主要有：受教育年限、在本企业工作的年限、其他的工作经验、地区虚拟变量、所在企业所有制性质虚拟变量和行业、职业虚拟变量等。

Meng 研究了市场化对中国农村地区乡镇企业中性别工资差异的影响。认为，市场组里性别工资差异较大。但是，非市场组中由于歧视所引起的性别工资差异的比例（99.9%）要远远大于市场组中的比例（52.5%）（Meng，1998）。

Liu 等（2000）研究了单位的经济性质对性别歧视的影响，结果表明从国企到集体和私企，性别工资差异逐渐加大，但歧视在工资差异中的份额则逐渐下降。

Gustafsson 和 Li 认为，在 1988 年，个人特征所能够解释的工资差距占 47.51%，到 1995 年下降为 36.80%。该文还认为，在年轻人群、低教育水平人群中，女性受到的歧视程度最大（Gustafsson and Li，2000）。

张丹丹（2004）研究了经济体制改革对性别工资差距的影响。主要结论是，从 1989 年到 1997 年，随着中国经济转型和市场化水平的提高，女性和男性的工资差距扩大，对女性的工资歧视也有扩大的趋势。还发现，性别工资差距扩大的现象主要表现在初中以下文化程度、40 岁以上年龄组、非国有部门和"蓝领"职业的人群当中，而在高中以上教育程度、40 岁以下年龄组、国有部门和"白领"职业的人群中表现相对不明显。

王美艳（2005）研究了行业分割对性别工资差异的影响，将行业分割内生化。研究表明，总工资差距的 93.1% 是由行业内工资差异引起的，其他的6.9%是由行业间工资差异引起的。在行业内工资差异中，由个人特征可以解释的部分占6.65%。在行业间工资差异中，由个人特征可以解释的部分占11.01%。这些结论意味着，在中国的劳动力市场上，无论是在行业进入方面还是在行业内部，都存在着对女性的歧视，而且歧视的程度很高。

葛玉好（2007）研究了男性和女性在行业分布上的差别对性别工资差距的影响。相对于Meng和Miller（1995）、王美艳（2005），该文的两个改进是：(1) 对行业的分类比较细致，共研究了10类行业；(2) 在很多个年份上进行研究，从而可以看出性别行业分割对性别工资差距影响的变化趋势。所得到的结论是，行业选择对工资性别差距的影响一直不大，但行业内部歧视对性别工资的影响却是越来越大。

谢嗣胜和姚先国（2005）研究了中国城市就业人员的性别工资差距问题。主要结论是，性别工资差距的54.4%要归于男女生产率特征方面的差异，45.6%要归于歧视的影响。该文还对歧视造成的影响进行了细致分析，发现职业因素加剧了性别歧视的程度，但行业因素降低了性别歧视的程度。

通过对上述性别工资差距相关文献的分析，我们看出两个明显特征：第一，单纯研究性别工资差距的文献非常多，而且这些文献已经按照不同的年份、不同的样本进行了分析，那么，如果只是研究性别工资差异问题，似乎很难再取得突破性的进展了；第二，上述研究都没能考虑到职业隔离问题，将职业获得视为外生，因此以上研究不能解答工资差异中有多少是由职业内差异引起的，有多少是由于职业隔离造成的。显然，不同职业的工资水平是不一样的，性别的职业隔离会影响性别工资差异，而职业选择过程很可能也存在歧视的问题。于是，从职业隔离的角度来继续研究性别工资差异就成为笔者感兴趣的一个问题。

第四节 研究方法

正如前面所指出的,性别工资性报酬差距可能是由两个方面的原因引起的:一是男性和女性在生产率特征的平均水平方面存在差异,二是具有相同生产率特征的男性和女性所获得的报酬有所不同。其中,后一种差异被我们归因于存在劳动力市场歧视。在理想的情况下,我们可以通过四个步骤来确认和衡量性别工资歧视。

步骤一:首先,我们分别搜集男性和女性在理论上与工资性报酬的决定有关的个人特征以及其他方面的信息。包括年龄、受教育程度、工作经验、培训水平、在当前企业的工作年限、工时数量、所在行业、所在地区、所在企业的规模、企业的性质、岗位工作职责以及工作条件等。

步骤二:接下来,我们利用统计方法估计出每一种特征对于女性的工资性报酬所做出的贡献有多大。即用回归分析来估计一下,与女性的每一种特征相联系的回报率分别有多少。在这里,我们需要控制住在其他生产率特征保持不变的情况下,某一种生产率特征的变化是如何对工资性报酬产生影响的。在这里,我们也需要对男性特征进行相同的估计,得到男性的每一种生产率特征对其工资性报酬的回报率系数。

步骤三:到目前为止,我们已经衡量出了典型的男性和女性所拥有的各种生产率特征的平均水平(步骤一),并且也已经估计出了每一种生产率变化如何对女性的工资性报酬产生影响(步骤二),这一步我们需要估计,如果女性的生产率特征与男性完全相同,那么,她们应当获得的工资性报酬是多少。具体的做法是,将女性从每一种生产率特征中获得的工资性报酬与男性所具有的这些生产率特征的平均回报系数相乘。这一步,我们通常称之为反事实分析。

步骤四：最后，我们把计算出来的假设的女性平均工资性报酬水平（步骤三）与男性的实际平均工资性报酬水平加以比较。这种比较将会得出对工资歧视的平均水平的一种估计，因为它反映了由于具有同一种生产率特征的男性和女性得到的工资性报酬不同而产生的影响（在不存在歧视的情况下，具有相同生产率特征的男性和女性应当获得同样的工资性报酬）。

这也是我们常用到的 Oaxaca-Blinder 分解的基本思想。在本书之后的研究方法部分，我们将对其具体使用的计量模型做出介绍。

这种对工资歧视进行衡量的"理想"方法存在两个方面的问题：第一，并非所有可以衡量的潜在生产率特征都能包括在上面的这些数据组合之中；第二，有些重要的生产率特征在本质上都是无法衡量的。其中，像先天的资质等这样一些特征在人群中的分布是随机的，这意味着，它们对女性与男性的平均工资性报酬水平所产生的影响是一样的。然而，还存在一些可能在男性和女性中分布不同的特征。例如，女性由于承担着较大的照顾家庭的责任，一般会更倾向于寻找离家较近的工作，并且可能很少会在正常的工作时间之外从事工作，或者是当家人需要照顾时，会比自己的丈夫更有可能回到家中照料等。这些因素都会不同程度地降低女性的工资性报酬，但是由于无法对其加以衡量和控制，以至于在统计上往往只表现为那些可观察的生产率特征使女性所得到的回报较少。

由此得出结论，即使男性和女性之间可观察的生产率特征都相同，性别工资差距仍然存在，我们也不能将所有的这些差距都认定为劳动力市场歧视的结果。

Oaxaca 分解方法由 Oaxaca（1973）中提出，主要用于研究两个群体在平均工资方面的差别，后发展为最经典的分解方法。其研究目的，一是度量歧视的程度，二是分析影响性别工资差异的各种因素的相对重要性。Oaxaca（1973）对歧视的定义式为：

$$D = \frac{W_m/W_f - (W_m/W_f)^0}{(W_m/W_f)^0} \tag{3.1}$$

其中下角标 m 指男性，f 指女性，W_m/W_f 是现实的男女工资比率，$(W_m/W_f)^0$ 是无歧视情况下的男女工资比率。式（3.1）可改写为：

$$\ln(D+1) = \ln(W_m/W_f) - \ln(W_m/W_f)^0 \tag{3.2}$$

现实的男女工资比率已知，要想估计 D，只要估计 $(W_m/W_f)^0$。Oaxaca（1973）对此做了两种假设。一种假设是，在无歧视情况下，女性的工资结构也适用于男性；另一种假设是，在无歧视情况下，男性的工资结构也适用于女性。

为了估计男性和女性的工资结构，需要对男性和女性分别做 Mincer 方程回归：

$$\ln \overline{W}_m = \overline{X}_m \hat{\beta}_m \tag{3.3}$$

$$\ln \overline{W}_f = \overline{X}_f \hat{\beta}_f \tag{3.4}$$

$\overline{X}_m$ 和 $\overline{X}_f$ 表示男女各种特征的平均值矩阵。$\hat{\beta}_m$ 和 $\hat{\beta}_f$ 表示男女估计系数的矩阵，它们代表男女的工资结构。男女可观察的总工资差异可以表示为：

$$\ln \overline{W}_m - \ln \overline{W}_f = \overline{X}_m \hat{\beta}_m - \overline{X}_f \hat{\beta}_f \tag{3.5}$$

上式可写为以下两种形式：

$$\ln \overline{W}_m - \ln \overline{W}_f = \overline{X}_m \hat{\beta}_m - \overline{X}_f \hat{\beta}_f = (\overline{X}_m - \overline{X}_f)\hat{\beta}_f + \overline{X}_m(\hat{\beta}_m - \hat{\beta}_f) \tag{3.6}$$

$$\ln \overline{W}_m - \ln \overline{W}_f = \overline{X}_m \hat{\beta}_m - \overline{X}_f \hat{\beta}_f = (\overline{X}_m - \overline{X}_f)\hat{\beta}_m + \overline{X}_f(\hat{\beta}_m - \hat{\beta}_f) \tag{3.7}$$

为书写方便，令 $\Delta \overline{X} = \overline{X}_m - \overline{X}_f$，$\Delta \hat{\beta} = \hat{\beta}_m - \hat{\beta}_f$，式（3.6）和式（3.7）两式可以因而简写成：

$$\ln \overline{W}_m - \ln \overline{W}_f = \Delta \overline{X} \hat{\beta}_f + \overline{X}_m \Delta \hat{\beta} \tag{3.8}$$

$$\ln \overline{W}_m - \ln \overline{W}_f = \Delta \overline{X} \hat{\beta}_m + \overline{X}_f \Delta \hat{\beta} \tag{3.9}$$

在 Oaxaca（1973）给出的两种假设下，式（3.8）中的 $\Delta \overline{X} \hat{\beta}_f$ 和式（3.9）中的 $\Delta \overline{X} \hat{\beta}_m$ 代表的便是无歧视情况的男女工资比率，

即$\ln(W_m/W_f)^0$。通过它们，可以计算歧视的量化值 D。

在后来的研究中，研究者很少汇报具体的 D 值，只是给出式（3.8）和式（3.9）分解结果两部分，前一部分表示由男女个人特征不同所引起的工资差异，后一部分表示由劳动力市场歧视引起的工资差异，并用后一部分占总工资差距的比例来度量歧视的程度。

但是，Oaxaca 分解方法中存在着一个一直引来诟病的与自身分解过程相关的问题：Oaxaca 分解结果与分解次序有关。式（3.8）和式（3.9）两种不同的分解次序代表着两种关于无歧视情况下的工资结构的假设。在某些情况下，这两种结果差别非常大。该问题在文献中被称为指数基准问题（index number problem）。即使存在这一严重缺陷，Oaxaca 分解仍是传统的研究性别工资差异的方法之一。

近年来，有许多研究者对这一研究方法提出了改进。观察式（3.6）和式（3.7）我们知道，$(\overline{X}_m-\overline{X}_f)\hat{\beta}_f$ 或 $(\overline{X}_m-\overline{X}_f)\hat{\beta}_m$，是由可以观察的因素（如个人特征等）所引起的工资差异部分，即性别工资差异可以解释的部分；而 $\overline{X}_m(\hat{\beta}_m-\hat{\beta}_f)$ 或 $\overline{X}_f(\hat{\beta}_m-\hat{\beta}_f)$，是由不可观察到的因素所引起的性别工资差异，即性别工资差异不可解释的部分（经济学研究中视之为工资歧视）。为方便理解，我们将式（3.6）和式（3.7）改写为以下形式：

$$\ln\overline{W}_m-\ln\overline{W}_f=(\overline{X}_m-\overline{X}_f)\hat{\beta}_f+\text{不可解释的部分} \quad (3.10)$$

$$\ln\overline{W}_m-\ln\overline{W}_f=(\overline{X}_m-\overline{X}_f)\hat{\beta}_m+\text{不可解释的部分} \quad (3.11)$$

其中，$\ln\overline{W}_m-\ln\overline{W}_f$ 是男女小时工资的自然对数值的差异；$(\overline{X}_m-\overline{X}_f)$ 代表变量 X 的男性样本均值与女性样本均值之差；$\hat{\beta}_f$ 和 $\hat{\beta}_m$ 分别代表变量 X 在男性样本回归模型和女性样本回归模型中的回归系数。由于同一变量在男性样本模型和女性样本模型中的回归系数不同，那么选择 $\hat{\beta}_f$ 或者 $\hat{\beta}_m$ 计算出来的结果也不同，甚至很多时候差异很大。因此，很多研究者选择使用男性样本模型与女性样本模型的回归系数的平均值来进行计算（Marini and Fan, 1997；Shu and Bian, 2003）。于是，分解公式被修订为：

$$\ln \overline{W}_m - \ln \overline{W}_f = (\overline{X}_m - \overline{X}_f)\hat{\beta}_a + 不可解释的部分 \quad (3.12)$$

其中，$\hat{\beta}_a = (\hat{\beta}_f + \hat{\beta}_m) \div 2$。

第五节 变量的选取与统计描述

一 变量的选取

（一）因变量

本书讨论的是劳动力市场上男女性别工资差异，因此我们选择的变量是员工"上个月实际从企业获得的税后工资收入"，为剔除由于不同企业不同工作中员工工作时间的不一致而导致的收入差距，即剔除"加班"会带来的额外收入，我们用员工"上个月平均每周实际工作时间（小时）"将月工资收入换算成"小时工资收入"，并以此作为分析的因变量。在实际操作的时候，按照惯例，我们对工资收入变量取自然对数值，以便使其接近正态分布。

（二）性别特征变量

为了更明确地观察"性别"对劳动者个人工资收入的影响作用，本书将"性别"作为一个单独的解释变量放入工资方程中。在具体的统计模型设定中，性别是一个虚拟变量（女性=1）。

（三）个人特征变量

在工资回归方程中，个人特征是最重要的要素。而且，只有控制了个人特征之后，我们才能估计出职业性别隔离的真正效应。本书的个人特征变量主要包括人力资本和其他人口统计学变量信息。关于人力资本变量，以往的研究通常是使用受教育年限和工作经验年限。然而，随着研究的深入，我们发现，劳动力市场所回报的人力资本不仅仅是教育和工作经验。一方面，现实社会越来越强调对专业技术的掌握，不同行业或职业的技术人员，需要参加考核来评定不同的专业技术职称（如不同级别的技工、技师等）。这些职称和证书不仅通过正式教育途径获得，还需要接受额外的专业培训，或通过自学的努力来考取。另一方面，管理人员的层级也并非都与学历挂钩，经济转型期也造就了一大批非高学历的管理层人员，这些人通常不是通过学历教育和资历，而是通过把握机会的能力、人力沟通技巧、实践能力等其他形式的人力资本积累走到管理层的。综合以上考虑，本书将使用扩展的人力资本概念，包括四个可观测指标：（1）受教育程度（包括：小学及以下学历、初中、高中、大学专科、大学本科及以上学历 5 个层级，以小学及以下学历程度者作为参照组）使用层级结构的指标，可以帮助我们更清晰地观察到不同学历层次对于劳动者收入的贡献；（2）工作经验及工作经验的平方项（工作经验是被调查者初职开始时间到 2012 年之间的总年数，是一个连续变量）；（3）技术等级（包括：无职称或证书员工、无等级技工、初级技工、中级技工、高级技工、技师、高级技师等 7 个层级，以无职称或证书员工为参照组）；（4）管理者级别（包括：非管理人员、中层管理人员、高层管理人员等三类，以非管理人员为参照组）。其他人口统计学变量，主要包括以下两个可观测指标：（1）婚姻状况，指有婚姻（初婚有配偶、再婚有配偶）与无婚姻（未婚、离异、丧偶）两个状态，是一个虚拟变量，即已婚 = 1；（2）户籍状态，指农业户口与非农业户口两个状态，是一个虚拟变量，即非农业户口 = 1 等。

（四）企业特征变量

劳动者所在企业的特征的差异会对个人收入差距产生较大的影响。企业特征主要包括：（1）企业所在地区（虚拟变量，东部地区 = 1）；（2）企业所在城市级别（虚拟变量，省会城市或直辖市 = 1）；（3）企业的控股情况（包括国有控股、集体控股、私人控股、港澳台商控股、外商控股等五种类型，以非国有控股企业为参照组，是一个虚拟变量，国有控股 = 1）；（4）企业的规模（分类标准见第三章，包括小型企业、中型企业和大型企业，以小型企业为参照组)。

(五) 行业和职业控制变量

在具体的模型设定中,行业特征和职业特征均为虚拟变量:(1) 企业所属的行业包括四类:制造、电力、建筑、交通运输业(第一类行业,即生产性行业);商业、餐饮、金融、房地产、服务业(第二类行业,即商业服务业);教育、卫生、文化、公共设施管理业(第三类行业,即文化教育业);软件、科学研究业(第四类行业,即技术性行业),以第一类行业为参照组。(2) 劳动者的职业分类包括:单位负责人、专业技术人员、办事人员、商业服务业人员、农副业人员、产业工人以及不便分类的其他从业人员(不再列示)七大类,我们将产业工人视为参照组。

二 变量的统计描述

本书的主要研究目标是"性别工资差异",我们首先对各种特征因素对劳动者个人工资收入的影响进行描述和分析,并分性别进行讨论。下文中的"工资差异"特指"小时平均工资差异"。

通过统计描述(见表3-1),我们可以观察到,女性和男性劳动者之间确实存在工资收入的差距,月平均工资收入相差423.04元。但是我们发现,女性的劳动时间也比男性更少,月平均工作时间的差距约为4.97个小时。为了剔除由于劳动时间更少而导致的整个收入水平更低,我们计算出劳动者的小时平均工资,分别为:女性12.86元,男性14.72元,仍然相差1.86元。于是,我们以小时平均工资作为被解释变量,继续观察其他解释变量的情形。

表3-1　　　　变量的统计描述——工资差异

单位:元,小时,人

	全部样本	女性	男性	性别工资差异
月平均工资	2614.94	2421.90	2844.94	-423.04
月平均工作时间	190.62	188.35	193.32	-4.98
小时平均工资	13.72	12.86	14.72	-1.86

续表

		全部样本	女性	男性	性别工资差异
地区分布	东部地区	16.75	15.87	17.76	-1.89
	中西部地区	12.04	11.34	12.91	-1.57
城市级别	省会城市或直辖市	14.98	14.12	15.95	-1.83
	其他城市	12.55	11.92	13.39	-1.47
控股类型	国有控股	14.57	13.73	15.37	-1.64
	非国有控股	14.21	13.40	15.23	-1.83
企业规模	小型企业	12.94	11.94	14.09	-2.15
	中型企业	15.01	14.62	15.55	-0.93
	大型企业	19.36	18.37	20.33	-1.96
行业类型	第一类行业	13.31	12.48	14.01	-1.53
	第二类行业	13.95	13.27	14.97	-1.70
	第三类行业	13.44	12.31	15.82	-3.51
	第四类行业	21.13	18.97	23.75	-4.78
职业类型	单位负责人	22.64	20.83	24.54	-3.71
	专业技术人员	17.44	16.10	19.51	-3.41
	办事人员	14.43	15.03	13.35	1.68
	商业服务业人员	12.15	11.24	13.45	-2.21
	农副业人员	8.72	7.52	10.62	-3.10
	产业工人	12.40	10.62	13.26	-2.64
样本量		3445	1873	1572	

企业特征对性别收入差距的影响非常显著。根据地区分布，全部样本中，东部地区的企业中劳动者的小时工资收入高于中西部地区4.71元（16.75元-12.04元）。这一结论与已有的文献结论相一致，区域经济发展的不平衡，必然导致劳动者工资收入存在差距。进一步观察，我们发现，在经济发展水平相对更高的东部地区的企业中，性别工资的差异更大。根据企业所处城市级别来看，省会城市或直辖市中企业员工的工资收入，要高于其他城市2.43元（14.98元-12.55元）。而在省会城市或直辖市中的企业内的性别工

资差异程度高于其他城市。可见，在经济相对发达地区和城市的企业中，性别工资差异更大，劳动力市场歧视更为严重。

企业的控股类型，也对性别工资差异有明显的影响。国有控股企业的平均工资水平高于非国有控股企业。但是，国有控股企业的性别工资差异却小于非国有控股企业，分别为1.64元和1.83元。对于这一现象，可能的解释是，国有控股企业的市场化程度低于非国有控股企业，国有控股企业遵循相对平均的工资决定机制，于是，性别工资差异相对较小；而非国有控股企业由于市场竞争的作用，以及企业管理者掌握更多的工资定价权，更易于受到个人性别偏好的影响，导致性别工资差异相对较大。但是，随着国有控股企业加速改革、减员增效，市场化程度随之提高，国有控股企业和非国有控股企业的用人机制和工资决定机制趋同，不同控股类型的企业间的性别工资差异会日渐缩小，因此，在我们的数据中显示，两种控股企业类型的企业间的性别工资差异仅为0.19元。

企业规模对性别工资差异产生非线性的影响。大型企业、中型企业和小型企业的平均工资由高到低呈梯形分布，分别相差4.35元和2.07元。而小型企业的性别工资差异最大，中型企业最小，大型企业略低于小型企业。

根据行业类型，我们可以看出，行业之间的平均工资的差距是明显存在的；而行业之间的性别工资差距是不同的，但男性的小时平均工资均高于女性。其中，第四类行业是软件开发、科学研究类行业，其行业平均工资最高（为21.13元），而且性别工资差距也最大（为4.78元）。其他三类行业的平均工资差别相对较小，但性别工资差异差别较大，其中，第三类行业（即教育卫生行业）为3.51元；第一类行业（即制造、建筑等生产类行业）和第二类行业（即商业服务业）的性别工资差距相对较小，为1.53元和1.70元。可见，行业之间存在明显的收入不平等，而且对性别工资差异的影响非常显著。

根据职业类型，我们发现，职业间的平均工资差距非常明显。

单位负责人的小时平均工资最高,农副业人员最低,两者相差13.92元(22.64元-8.72元)。可见,单位负责人职业,作为所有职业分类中最具有权威和声望最高的职业,其收入效应也最为显著。这一方面是由于单位负责人的工作责任更大,另一方面是由于担任高层职位所需要的知识和技能也更多、难度也更高,需要负责人投入更多时间和精力去获取,因此,应该获得应有的正向补偿。专业技术人员的收入水平次之。这是因为从事专业技术人员职业,有专业、学历、技术等级等方面的要求,而掌握这些技能,需要更长时间的学习和培训,这也应该获得相应的收入补偿。除了办事人员的小时工资收入女性略高于男性外,其他五个职种中的男性小时工资均高于女性。其中,单位负责人的性别工资差异最大,为3.71元;专业技术人员的次之,相差3.41元。可见,职业之间的性别工资差距是存在的,而且,结合我们在之前对职业隔离的研究,不论在该职业中女性就业的比例高还是低,女性的小时工资收入基本上都与男性存在差距,只是不同的职业种类间,男女劳动者工资差距的大小不同而已。

在观察到各种特征对个人工资收入的影响之后,我们进一步通过分析样本人群在各种特征分类上的分布比例及构成,来继续讨论各种特征对个人收入的影响,并分性别进行讨论(见表3-2)。

表 3-2　　　　变量的统计描述——均值或分布比例

	全部样本	女性	男性	分布比例差异 (女性-男性)
工作经验(年)	12.15	11.32	13.15	-1.83
受教育年限(年)	12.90	13.11	12.65	0.46
受教育程度(%)				
小学及以下	2.58	2.19	3.05	-0.86
初中	17.13	15.06	19.59	-4.53
高中	34.40	32.89	36.20	-3.31

续表

	全部样本	女性	男性	分布比例差异（女性-男性）
大学专科	25.63	28.24	22.52	5.72
大学本科及以上	20.26	21.62	18.64	2.98
技术等级（%）				
无职称或证书员工	91.03	97.01	83.91	13.10
无等级技工	1.94	0.64	3.50	-2.86
初级技工	2.15	1.01	3.50	-2.49
中级技工	3.08	1.01	5.53	-4.52
高级技工	1.28	0.21	2.54	-2.33
技师	0.41	0.11	0.76	-0.65
高级技师	0.12	0	0.25	-0.25
管理者级别（%）				
非管理人员	83.80	84.46	83.02	1.44
中级管理人员	15.47	15.16	15.84	-0.68
高级管理人员	0.73	0.37	1.15	-0.78
中共党员（%）	11.20	10.30	12.28	-1.98
已婚（%）	65.40	66.84	63.68	3.16
居民户口（%）	58.87	62.57	54.45	8.12
东部地区（%）	47.26	46.40	48.28	-1.88
省会城市或直辖市（%）	70.65	68.98	72.65	-3.67
国有控股（%）	15.01	13.45	16.86	-3.41
企业规模（%）				
小型企业	59.16	58.14	60.37	-2.23
中型企业	29.78	31.77	27.42	4.35
大型企业	11.06	10.09	12.21	-2.12
行业分类（%）				
第一类行业	37.50	31.60	44.60	-13.00
第二类行业	51.30	56.40	45.30	11.10
第三类行业	3.20	4.00	2.20	1.80
第四类行业	8.00	8.10	7.90	0.20

续表

	全部样本	女性	男性	分布比例差异（女性-男性）
职业分类（%）				
单位负责人	6.50	6.10	6.90	-0.80
专业技术人员	21.10	23.60	18.10	5.50
办事人员	12.20	14.50	9.60	4.90
商业服务业人员	40.90	44.10	37.20	6.90
农副业人员	0.50	0.60	0.50	0.10
产业工人	18.70	11.20	27.70	-16.50
样本量（份）	3445	1873	1572	

从受教育年限的时间长短来看，女性的整体水平是略高于男性的。但是，进一步观察男女获得最高学历的状况，我们可以发现，女性在较低的学历水平（小学及以下、初中）人群中所占的比例略低于男性，但在高学历水平（大学专科、大学本科及以上）人群中所占的比例均高于男性。在男女相同的年龄范围内，一般来讲，受教育年限长，则工作经验年限就相应减少。所以我们看到，女性的工作经验年限是略低于男性的。

从技术等级上来看，在全部企业员工中，取得技术等级证书和职称的工作人员所占比例不到10%。其中越是高级职称，人数比例越小。而在这项指标中，男性占绝对优势，在各个技术等级上，比例均超过女性。我们知道，取得更高的技术职称，需要投入更多的时间和精力去参加学习和培训，因此，也会获得更高的收入回报。从管理者级别上来看，在所有的管理者中，男性承担高级管理人员和中级管理人员的比例均超过女性。

婚姻状态属于个人特征中的家庭关系因素。根据相关理论分析，家务劳动会占用人们更多的时间和精力，从而减少工作时间，并影响个人收入。尤其是有婚姻生活的女性可能更倾向于照顾家庭（老人和孩子），而不能够像单身女性一样全力以赴地投入工作。在我们的数据中显示，65.40%的人已婚，其中，男性比例还略低于女性。

无居民（即非农业）户口，可能会对城市中打工的农业人口（即农民工）的收入产生负影响。在我们的数据中有近60%的人拥有非农业户口，女性拥有居民户口的比例高于男性约8个百分点。

我国各地区间的经济发展水平呈阶梯式分布，其中，东部经济最发达，中部次之，西部相对较落后。而整个地区的经济发展水平会对个人收入产生影响。在我们的数据中，有近一半劳动者工作的企业处于东部地区，且男女分布比例基本相等。处于省会城市或直辖市的整体经济发展水平相对于其他城市更高，我们的数据中有七成的人口样本工作的企业分布在这些城市中。国有控股企业的性别工资差异相比非国有控股企业较小，但是女性在这一控股类型的企业中的比例低于男性。企业规模的大小，对性别工资差异的影响不同。其中，小型企业中的性别工资差异最大，而女性在小型企业中的比例最多。

女性担任单位负责人的比例远远低于男性，而即使在该职业中，女性的工资收入水平也远远低于男性。女性从事农副业人员的比例要高于男性（这在"六普"数据中更为清晰），而该职业的收入最低。

通过对变量的统计性描述，我们对性别工资差异的各个影响因素有了初步了解，下面我们将通过具体的计量方法来进一步讨论这些影响因素对性别工资差异的贡献。

第六节　计量结果

一　全样本的OLS回归

我们想要讨论的是，女性的性别特征本身，在劳动力市场上受到的不同待遇，所以，我们首先将性别变量作为每个模型中最基本的解释变量，通过不同的控制变量的加入，来观察女性性别系数的变化，同时分析各个解释变量对个人收入的影响。

本书的 OLS 回归的计量模型是由一系列嵌套模型组成，来顺序观察性别特征、个人特征、企业特征、行业和职业分布等因素对劳动者个人性别工资差距的影响，以及对劳动力市场中性别不平等程度的影响。

模型 1 为基准模型，仅放入性别变量（虚拟变量，女性=1）。

其余的模型依次加入影响个人收入的解释变量：模型 2 加入受教育程度，这也是 Mincer 工资方程中最基本的解释变量；模型 3 加入工作经验及其平方线、技术等级和管理者级别；模型 4 加入中共党员、婚姻状态、户籍状态等其他个人特征变量；模型 5 加入企业特征控制变量；模型 6 加入行业控制变量；模型 7 加入职业控制变量（全因素的 OLS 回归结果见表 3-3）。

我们首先来观察 R^2 值，可以看到我们依次放入的解释变量对于整个收入回归方程的解释程度逐渐增加，这说明我们的解释变量的选择是有意义的。至于这些变量对于劳动者个人工资收入的影响如何，我们继续分析。

仅放入性别变量的时候，女性的回归系数为负值-0.136，并且在 1% 的水平上具有统计显著性。这说明，性别特征对女性收入有显著的负向影响，劳动力市场上的性别歧视确实存在。在加入了受教育程度变量之后（模型 2），性别系数下降到-0.173，即性别不平等的程度显著上升了。我们观察"受教育程度"变量发现，在各个学历层次上，女性的教育回报率均对收入产生正向的影响，并具有统计显著性；并且，受教育程度越高，教育回报率也越高。这也说明了，约 21.39%（[(-0.173)-(-0.136)]/(-0.173)）的性别效应来源于男女受教育水平的差异。在模型 3 中加入其他人力资本变量之后，女性性别系数上升了，说明性别不平等的程度得到缓和。我们发现，虽然女性人力资本的回报率基本上都具有正向的统

表3-3 全样本全因素的工资方程 OLS 回归结果

	模型1	模型2	模型3	模型4	模型5	模型6	模型7
女性	-0.136***	-0.173***	-0.155***	-0.152***	-0.145***	-0.134***	-0.129***
	(0.0177)	(0.0159)	(0.0159)	(0.016)	(0.0151)	(0.0149)	(0.0148)
受教育程度							
初中及以下		0.115**	0.0814	0.0851*	0.126***	0.135***	0.131***
		(0.0526)	(0.0512)	(0.0514)	(0.0484)	(0.0476)	(0.047)
高中		0.318***	0.269***	0.279***	0.273***	0.282***	0.271***
		(0.0508)	(0.0497)	(0.0505)	(0.0476)	(0.0469)	(0.0464)
大学专科		0.519***	0.477***	0.492***	0.465***	0.462***	0.415***
		(0.0515)	(0.0506)	(0.052)	(0.0492)	(0.0485)	(0.0485)
大学本科及以上		0.792***	0.736***	0.759***	0.674***	0.641***	0.588***
		(0.0521)	(0.0515)	(0.0542)	(0.0514)	(0.0509)	(0.0511)
工作经验			0.0178***	0.0195***	0.0201***	0.0193***	0.0180***
			(0.00251)	(0.00302)	(0.00285)	(0.00281)	(0.00277)
工作经验的平方项			-0.000505***	-0.000531***	-0.000556***	-0.000537***	-0.000509***
			(0.0000684)	(0.0000758)	(0.0000714)	(0.0000703)	(0.0000694)
技术等级							
无等级技工			0.074	0.0706	0.0982*	0.0663	0.0537
			(0.0561)	(0.0561)	(0.053)	(0.0522)	(0.0517)

续表

	模型 1	模型 2	模型 3	模型 4	模型 5	模型 6	模型 7
初级技工			0.123**	0.122**	0.110**	0.0919*	0.0787
			(0.0533)	(0.0533)	(0.0503)	(0.0495)	(0.049)
中级技工			0.131***	0.130***	0.122***	0.102**	0.0866**
			(0.0451)	(0.0451)	(0.0426)	(0.042)	(0.042)
高级技工			0.087	0.0888	0.0574	0.0456	0.0387
			(0.0688)	(0.0688)	(0.0648)	(0.0637)	(0.0631)
技师			0.00775	0.0111	-0.0731	-0.0796	-0.0714
			(0.121)	(0.121)	(0.113)	(0.112)	(0.11)
高级技师			0.339	0.338	0.393*	0.369*	0.377*
			(0.225)	(0.225)	(0.212)	(0.208)	(0.205)
管理人员级别							
中层管理人员			0.237***	0.237***	0.244***	0.256***	0.210***
			(0.0221)	(0.0222)	(0.0209)	(0.0206)	(0.0219)
高层管理人员			0.415***	0.411***	0.414***	0.409***	0.281***
			(0.0907)	(0.0908)	(0.0854)	(0.084)	(0.0858)
中共党员				-0.0112	0.00787	0.0071	0.00457
				(0.0256)	(0.0242)	(0.0239)	(0.0237)
已婚				-0.0137	0.00874	0.00596	0.0048
				(0.021)	(0.0198)	(0.0195)	(0.0193)

续表

	模型 1	模型 2	模型 3	模型 4	模型 5	模型 6	模型 7
居民户口				-0.0251	-0.00423	-0.00114	-0.00538
				(0.0179)	(0.0171)	(0.0169)	(0.0167)
东部地区					0.221***	0.228***	0.228***
					(0.0154)	(0.0153)	(0.0151)
直辖市或省会城市					0.102***	0.115***	0.116***
					(0.0173)	(0.0171)	(0.0168)
国有控股					-0.142***	-0.155***	-0.149***
					(0.0221)	(0.022)	(0.0217)
企业规模							
中型企业					0.0932***	0.124***	0.124***
					(0.017)	(0.0173)	(0.017)
大型企业					0.284***	0.311***	0.299***
					(0.0259)	(0.0259)	(0.0255)
行业分类							
第二类行业						-0.0758***	-0.0259
						(0.0163)	(0.0192)
第三类行业						-0.288***	-0.286***
						(0.0433)	(0.0435)

续表

	模型1	模型2	模型3	模型4	模型5	模型6	模型7
第四类行业						0.165***	0.161***
						(0.0298)	(0.0304)
职业分类							
单位负责人							0.162***
							(0.0381)
专业技术人员							0.0475*
							(0.0275)
办事人员							-0.0530*
							(0.0294)
商业服务业人员							-0.110***
							(0.0249)
农副业人员							-0.240**
							(0.0983)
截距项	2.587***	2.185***	2.078***	2.074***	1.846***	1.859***	1.912***
	(0.0131)	(0.0496)	(0.0514)	(0.0517)	(0.051)	(0.0507)	(0.051)
N	3445	3445	3445	3445	3445	3445	3445
R^2	0.017	0.216	0.264	0.264	0.352	0.374	0.393

注：括号中的数字是标准误，***、**和*分别表示显著性水平为1%、5%和10%。

计显著性,而且技术等级越高,或者管理者级别越高,二者的收入回报率也越高。由于人力资本变量之间的相关性,它们的加入会使得教育回报率下降。通过之前的统计分析可以发现,这正是由于我们样本中的女性在获得技术职称和担任管理者的比例均低于男性所造成的。而这些因素一起抵消了女性在教育回报率上的优势。但是,女性的工作经验的回报率明显低于教育回报率,这就说明,女性在提高教育水平上获得的优势,远远可以抵偿其相应的工作年限较短而导致的收入负向效应。模型4中,女性系数继续上升。我们发现,虽然党员身份、婚姻状态以及居民户口等因素对个人收入的影响很小(R^2较之模型3没有变化),但是它们却使得性别不平等的程度略有下降。在模型5中,我们观察到女性在衡量企业特征的各个变量上的分布都不占优势,性别收入差距都比较大,而女性在这些因素上的收入回报率却高于男性,从整体上减轻了性别不平等的程度。模型6中加入行业变量,女性的性别系数上升到-0.134。通过之前的统计分析我们知道在第三类和第四类行业中性别工资差距都很大,但是观察行业的回归系数我们却发现,相对于男性的产业工人,女性从事技术科研(第四类行业)占有优势,而在第三类行业(教育卫生)中处于劣势。可见,行业间的隔离,对性别不平等的程度有一定缓和,但对个人收入的影响不大。最后,在模型7中加入职业分类变量,我们发现,相对于男性的"产业工人"来说,女性只有在"单位负责人"中占显著优势,这也充分说明了,职业间隔离对于男女工资性别差异的影响是非常显著的。

通过对基于工资回归方程的一系列计量结果的分析,我们可以得到以下结论:(1)女性性别对个人收入产生负向影响,且在统计上显著,因此劳动力市场的性别歧视是确实存在的。(2)在各个学历层次上,女性的教育回报率统计均显著地高于男性;并且,受教育程度越高,教育回报率也越高。但是,收入差距却没有因此减少,于是身为女性的收入负效应就相应增加,从而加剧了性别不平等。(3)女性的工作经验的回报率明显低于教育回报率,这就说明,女性在提高教育水平上获得的优势,远远可以抵偿其相应的因工作年限较短而导致的收入负向效应。(4)由于女性在获得技术职称和担任管理者方面的比例均低于男性,在一定程度上抵消了女性在教育回报率上的优势。(5)中共党员身份、婚姻状态以及居民户口等因素对个人收入的影响很小。(6)女性在企业特征因素上的收入回报率高于男性,在一定程度上缓解了收入不平等。(7)行业间的性别隔离,对性别不平等的程度有一定缓和,但对个人收入的影响不大;职业间的性别隔离,对男女工资性别差异的影响非常显著。

二 分性别的工资方程 OLS 回归

为了进一步分析各个变量对个人工资收入的影响,并重点观察行业和职业隔离的影响,我们分性别做工资回归方程。模型1和模型3均为女性工资方程,模型2和模型4均为男性工资方程,区别在于,模型1和模型2不考虑企业、行业、职业控制变量,模型3和模型4做全因素分析。

表 3-4　　　　　　　分性别的工资方程 OLS 回归结果

	模型1(女性)	模型2(男性)	模型3(女性)	模型4(男性)
受教育程度				
初中及以下	0.0615	0.122*	0.108	0.165***
	(0.077)	(0.0684)	(0.0697)	(0.0631)
高中	0.345***	0.234***	0.311***	0.242***
	(0.0755)	(0.0675)	(0.0688)	(0.0625)
大学专科	0.545***	0.448***	0.431***	0.401***
	(0.0766)	(0.0712)	(0.0709)	(0.067)
大学本科及以上	0.781***	0.754***	0.582***	0.608***
	(0.0792)	(0.0748)	(0.0739)	(0.0713)
工作经验	0.0122***	0.0247***	0.00834**	0.0248***
	(0.00454)	(0.0042)	(0.00413)	(0.00389)
工作经验的平方项	-0.000350***	-0.000666***	-0.000261**	-0.000663***
	(0.000122)	(0.0000987)	(0.000111)	(0.0000913)

续表

	模型1（女性）	模型2（男性）	模型3（女性）	模型4（男性）
技术等级				
无等级技工	-0.0308	0.0665	-0.0733	0.0443
	(0.132)	(0.061)	(0.121)	(0.0568)
初级技工	0.300***	0.0508	0.263***	0.00102
	(0.105)	(0.0608)	(0.0954)	(0.0564)
中级技工	0.165	0.123**	0.0967	0.0811*
	(0.105)	(0.0492)	(0.097)	(0.0462)
高级技工	0.453**	0.0524	0.379*	-0.00255
	(0.228)	(0.0708)	(0.207)	(0.0657)
技师	-0.0832	0.0309	-0.413	-0.0178
	(0.323)	(0.127)	(0.294)	(0.117)
高级技师	.	0.313	.	0.309
	.	(0.22)	.	(0.202)
管理人员级别				
中层管理人员	0.241***	0.237***	0.210***	0.219***
	(0.0304)	(0.0321)	(0.0298)	(0.0321)
高层管理人员	0.396**	0.406***	0.349**	0.264***
	(0.172)	(0.105)	(0.159)	(0.102)
中共党员	0.0883**	-0.109***	0.0726**	-0.0645*
	(0.0368)	(0.0355)	(0.0337)	(0.0332)
已婚	-0.011	0.00895	0.0172	0.0232
	(0.0295)	(0.0306)	(0.0268)	(0.0283)
居民户口	-0.0171	-0.0311	0.00563	-0.0177
	(0.0252)	(0.0254)	(0.0232)	(0.0241)
东部地区			0.252***	0.200***
			(0.0207)	(0.0221)
直辖市或省会城市			0.0990***	0.125***
			(0.0226)	(0.0252)
国有控股			-0.126***	-0.161***
			(0.0298)	(0.0319)

续表

	模型1（女性）	模型2（男性）	模型3（女性）	模型4（男性）
企业规模				
中型企业			0.139***	0.0940***
			(0.0225)	(0.0259)
大型企业			0.318***	0.275***
			(0.0349)	(0.038)
行业分类				
第二类行业			-0.0283	-0.0127
			(0.0267)	(0.0277)
第三类行业			-0.353***	-0.174**
			(0.0541)	(0.0738)
第四类行业			0.139***	0.190***
			(0.0415)	(0.045)
职业分类				
单位负责人			0.200***	0.131**
			(0.0565)	(0.0522)
专业技术人员			0.0954**	0.0361
			(0.0419)	(0.038)
办事人员			0.0478	-0.188***
			(0.0435)	(0.0424)
商业服务业人员			-0.0726*	-0.116***
			(0.0393)	(0.0324)
农副业人员			-0.251**	-0.18
			(0.128)	(0.154)
截距项	1.908***	2.068***	1.753***	1.903***
	(0.0747)	(0.0701)	(0.0746)	(0.0704)
N	1873	1572	1873	1572
R^2	0.268	0.257	0.409	0.381

注：括号中的数字是标准误，***、**和*分别表示显著性水平为1%、5%和10%。

对比模型1和模型2，我们发现：女性的教育回报率的增加与其学历程度呈阶梯形显著地增长，即每个学历层次的系数均比前一层次增加 0.2 左右；而男性的教育回报率在高学历层次（大学本科及以上）上的增加比在更低的学历上的增加更为显著。虽然女性的教育回报率高于男性，但男性的工作经验的回报率却比女性高约一倍。"技工"职称，对于女性来说，提高技术等级对其工资收入的影响程度明显高于男性；"技师"职称对男女的影响反而是相反的；技术等级最高的"高级技师"职称，对男性的回报率也最高。管理者级别，对女性的影响程度均高于男性。这说明，女性的人力资本回报率均高于男性；而正是这样，也反过来证明了男女性别工资差异的程度更高。

对比模型 3 和模型 4，我们发现：行业类型变量和职业类型变量的加入，使女性教育回报率的优势减弱了，甚至于高等教育（大学本科及以上）的教育回报率低于男性；反而使教育程度较低（初中及以下、高中）男性的教育回报率提高了。而且，男性在工作经验的收入效应上的优势更为明显，为女性的回报率的 3 倍。它们还同时减少了男女技术级别和管理者级别的回报率。但是，却同时提高了男女在东部地区和省会、直辖市的优势程度。这说明：从整体上来看，行业分类和职业分类使得女性在很多影响个人工资收入因素上的相对优势减弱，相反却增加了男性在这些方面的优势。

三　全因素性别工资差异的均值分解

那么，究竟是什么造成了男女性别差异？或者说，我们观察到的这些变量在多大程度上解释了性别工资差异呢？它们对性别工资差异的贡献分别是怎样的呢？为了更加准确地分析职业性别隔离以及其他因素对性别工资差异的影响程度，接下来，我们将通过分解来估计各个要素的贡献率。首先，我们分别估计男性和女性的工资方程的回归系数，放在第二栏和第三栏；其次，将所有变量的样本均值分男女放在第四栏和第五栏，最后一栏是样本均值差异；第一栏是估计出的各要素对性别工资差异的贡献率。

表 3-5　　　　全因素性别工资差异的均值分解结果

	贡献率	男性回归系数	女性回归系数	男性样本均值	女性样本均值	样本均值差异
小时工资的自然对数值				2.5866	2.451	0.1356
受教育程度	-22.5162	0.164*** (0.0129)	0.176*** (0.0116)	2.3410	2.5206	-0.1796
工作经验	23.3295	0.0243*** (0.00394)	0.0103** (0.00416)	13.1489	11.3203	1.8286
工作经验的平方项/100	-0.2391	-0.000660*** (0.0000925)	-0.000306*** (0.000112)	2.8243	2.1529	0.6714
技术等级	6.1767	0.00496 (0.00987)	0.0422* (0.0226)	0.4262	0.0710	0.3552
管理者等级	3.569	0.209*** (0.0268)	0.227*** (0.027)	0.1813	0.1591	0.0222
中共党员	0.1022	-0.0607* (0.0333)	0.0747** (0.034)	0.1228	0.103	0.0198
已婚	-0.5162	0.0289 (0.0286)	0.0154 (0.0271)	0.6368	0.6684	-0.0316
居民户口	0.718	-0.0266 (0.0244)	0.00262 (0.0236)	0.5445	0.6257	-0.0812
东部地区	2.9878	0.194*** (0.022)	0.237*** (0.0209)	0.4828	0.464	0.0188
省会城市或直辖市	2.9392	0.129*** (0.0252)	0.0882*** (0.0229)	0.7265	0.6898	0.0367
国有控股	-3.1937	-0.139*** (0.0318)	-0.115*** (0.0301)	0.1686	0.1345	0.0341
企业规模	-0.1079	0.119*** (0.0174)	0.147*** (0.0155)	0.5184	0.5195	-0.0011
行业虚拟变量	-4.9145	0.0620*** (0.014)	0.0265** (0.0131)	0.7341	0.8847	-0.1506
职业虚拟变量	20.1013	-0.0551*** (0.00669)	-0.0477*** (0.00749)	2.2284	2.7587	-0.5303

续表

	贡献率	男性回归系数	女性回归系数	男性样本均值	女性样本均值	样本均值差异
截距项		1.885*** (0.0466)	1.773*** (0.0456)			
N		1572	1873			
R^2		0.352	0.374			

注：括号中的数字是标准误，＊＊＊、＊＊和＊分别表示显著性水平为1%、5%和10%。

我们首先观察到，现实中男女性别工资差异是存在的，样本均值差异为0.1356。

个人特征变量对性别工资差异的贡献最为显著。受教育程度和工作经验仍然是对性别工资差异影响最大的两个因素。其中，由于女性教育回报率高于男性，且平均受教育水平高于男性，使"受教育程度"成为对缩小性别工资差异贡献最大的变量。但是，由于男性的工作经验的回报率远远大于女性超过2倍，且平均工作经验时间多于女性，完全抵消了受教育程度对性别工资差异的缩小作用，成为对扩大性别工资差异贡献最大的变量。虽然男性技术等级和管理者等级的收入效应均低于女性，但是具有更高等级技术职称和担任更高级别管理者的人群比例却均大于女性，所以这两个人力资本变量也共同扩大了性别工资差异。其他三个个人特征变量——是否是中共党员、是否已婚以及是否具有城市居民户口，对性别工资的影响力较为微弱，这里不再深入讨论。

企业特征对性别工资差异的影响也较为显著。在经济相对发达、市场经济体系发展相对成熟的东部地区和省会城市或直辖市的企业中，性别工资差异更大。而在国有控股企业中，性别工资差异更小。

最后，我们来讨论行业间的性别隔离和职业间的性别隔离对性别工资差异的影响。

由于女性在性别工资差异最高（4.78元）的第四类行业（即软件开发、科学研究类的行业）中就业比例相对较少（仅占约8%），而在性别工资差异较小的第一类行业（即制造、建筑等生产类行业）和第二类行业（即商业服务业）中就业比例相对较大，共占88%。因此，虽然行业间的性别隔离对男性的收入效应要大于女性，但是，对性别工资差异的贡献却是负向的。也就是说，行业间的性别隔离缩小了性别工资差异。

女性在单位负责人和专业技术人员这两类职业上的收入效应都是显著优越于男性的。但是，这两类职业的性别工资差异最大，女性的从业比例也相对较小，所以，并不能对减轻整体性别工资差异起到正向作用。相反，在其他职业类型中，女性的收入回报率均低于男性，且从业比例大于男性。于是，职业间的性别隔离显著扩大了性别工资差异，成为仅次于工作经验，对性别工资差异贡献最大的影响因素。

可见，女性较高的教育回报率是加剧劳动力市场不平等程度的最主要的因素，提高女性受教育程度也是缩小性别工资差异的最有效的途径；行业间的性别隔离在一定程度上缓解了性别工资差异；职业间的性别隔离是性别工资差异扩大的最主要的因素之一。

第七节　结论

通过本章的研究，我们得到以下一些结论。

首先，受教育程度和工作经验仍然是对性别工资差异影响最大的两个因素。女性的教育收益率高于男性，而且，学历层次越高，教育回报率越高；同时，女性工作经验的回报率明显低于教育回报率，可见，女性在提高教育水平上获得的优势，远远可以抵偿其由于相应的工作年限较短而导致的收入负向效应。这意味着，教育作为提高个人收入的一条途径，对于女性来说尤为重要。由于现实中男性的收入高于女性，所以提高女性的受教育水平，对于从整体上缩小男女性别工资差距具有更为重要的意义。

在我们的数据中还显示，女性在高学历层次上受教育的比例还是低于男性，可见，大力提高女性在高等教育阶段的入学率，加大对女性的教育投资，应该成为我国教育发展面临的长期任务。从另一方面讲，即使女性能够达到与男性相同的受教育水平，但如果不能从根本上减轻劳动力市场的性别歧视，那么性别工资收入差距仍然会持续存在，甚至扩大。尽管随着经济转型，市场化程度加深，然而劳动力市场上的性别歧视问题仍然存在。因此，建立和完善致力于缩小性别歧视的劳动法规和政策是必不可少的。

但是，由于男性的工作经验的回报率远远大于女性超过1倍，且平均工作经验时间多于女性，完全抵消了受教育程度对性别工资差异的缩小作。这一方面说明劳动力市场歧视的存在，使得男女即使工作经验相同，也无法得到同样的收入回报。另一方面也说明，女性由于身体的生理状况，比男性需要更多的休息时间和受到更多的工作环境的限制；再加上要承担家庭责任，会比男性花更多的时间和精力用来完成家务劳动、照顾家人或者生育子女，这些行为无疑会减少女性的工作时间，并相应减少她们在工作经验上的积累。两者的共同作用，使得"工作经验"成为对扩大性别工资差异贡献最大的变量。

其他人力资本变量——技术等级和管理者等级，对女性收入的回报率均大于男性，但是男性具有更高等级技术职称和担任更高级别管理者的人群比例却均大于女性，所以这两个人力资本变量也共同扩大了性别工资差异。而更高的技术等级和管理者级别，也同时代表着专业技术人员和管理者阶层（单位负责人），通过我们在第三章中的分析，我们知道，这两种职业对于女性的排斥是一直存在的。这也就证明了劳动力市场歧视和职业性别隔离共同对性别工资差异的影响。

企业特征对性别工资差异的影响也较为显著。在经济相对发达、市场经济体系发展相对成熟的东部地区和省会城市或直辖市的企业中,性别工资差异更大,劳动力市场歧视更为严重。而在国有控股企业中,性别工资差异更小。对于这一现象,可能的解释是,国有控股企业的市场化程度低于非国有控股企业,国有控股企业遵循相对平均的工资决定机制,于是,性别工资差异相对较小;而非国有控股企业由于市场竞争的作用,以及企业管理者掌握更多的工资定价权,更易于受到个人性别偏好的影响,导致性别工资差异相对较大。但是,随着国有控股企业加速改革、减员增效,市场化程度随之提高,国有控股企业和非国有控股企业的用人机制和工资决定机制趋同,不同控股类型的企业间的性别工资差异会日渐缩小。

职业性别隔离,在这一部分研究中主要是指职业间的性别隔离水平,成为仅次于受教育程度的加剧劳动力市场歧视程度的第二大影响因素。样本中,女性在工资水平相对较高的单位负责人和专业技术人员职业上的分布比例相对较小,而这两种职业的性别工资差异却最高;女性在商业服务业人员职业中从业比例最高,但该职业的工资收入水平相对较低,性别工资差异也相对较小。数据显示,由于女性较集中地就业于低收入职业,即使就业于高收入职业也只能获得相对较低的工资水平,这使得男女性别工资差距进一步扩大。可见,职业间的性别隔离对性别工资差异的贡献非常显著。

行业间的性别隔离,虽然在一定程度上缓解了性别工资差异;但是,与职业性别隔离一道加剧了劳动市场的性别歧视程度。女性集中就业的第二类行业(商业服务业)和第三类行业(文化教育业)的工资水平相对较低,但是,性别工资差距也相对较低;虽然第四类行业(技术性行业)的工资水平相对较高,性别工资差距也相对较大,但是,女性在该行业就业的比例也相对较少。所以,行业间的性别隔离对性别工资差异的影响并不太大,甚至还减少了性别工资差异,从某种程度上抵消了职业间性别隔离对性别工资差异的扩大作用。

第四章 职业隔离对性别工资差异的影响

本章所讨论的职业隔离主要是指职业内部的隔离，也就是垂直职业隔离，即职业内隔离、行业内隔离和企业内隔离，有别于传统上所讨论的行业间、职业间和企业间隔离，也就是水平职业隔离（即上一章所讨论的内容）。

在本书的第三章，我们详细地讨论了个人特征、企业特征与行业间和职业间的性别隔离对性别工资差异的影响。本章将在此基础上，考虑到劳动力市场结构中的"女性因素"（女性在行业内、职业内和企业内的比例），进一步讨论行业内、职业内和企业内的性别隔离对性别工资差异的影响。本章首先对职业隔离影响性别工资差异的经典文献进行了回顾，并借鉴国外利用"雇主—雇员匹配数据"研究该问题的经典文献中的方法，构建出本书的计量模型。最后，详细地讨论了劳动者个人的性别特征、个人特征以及行业、职业特征对个人收入的影响效果，以及各个影响因素对性别工资差异的贡献，并进一步分行业讨论并比较职业的和企业的性别隔离对性别工资差异的影响。

第一节 职业隔离影响性别工资差异的文献回顾

关于职业隔离对中国性别工资差异的影响问题的经验分析非常有限，但是，研究者们得出的结论是很有意义的。

Meng 和 Miller（1995）利用 1986—1987 年世界银行和中国社会科学院共同组织的针对乡镇企业的调查数据，研究性别职业隔离对性别工资差异的影响。研究发现，在总的性别工资差异中，部门内的性别工资差异约为 76.7%，部门间的性别工资差异约为 23.3%；其中，部门内的性别工资差异中，由解释变量可以解释的部分对总的性别工资差异的影响是负向的（-22%）。

李实和马欣欣（2006）利用 1999 年中国居民收入调查数据，对职业与男女工资差异之间的关系进行了经验分析。结果表明，男女性别的工资差距表现为职业内差异为 67.9%，职业间差异为 32.1%。研究认为，20 世纪 90 年代后期中国城市存在较为严重的性别职业的分割，职业内性别歧视性因素是职业所导致的男女工资差异的最主要原因。

姚先国和黄志岭（2008）采用 2002 年城调队的"中国城镇住户调查"数据，用 Brown 分解方法内生化职业分割来计算城市劳动力市场中的性别歧视程度。分析表明城镇居民的性别工资差异约为 31%，其中，性别工资差异不可解释的部分高达 72%，其中职业内不可解释的部分占了绝大部分。

叶环宝（2010）采用了 2000 年的 CHNS 数据，在其职业分类基础上，对性别工资差异依次进行 Oaxaca-Brown 分解。解释变量除个人特征变量之外，加入企业所有制虚拟变量。得出结论，男女性别工资差异中有 77% 不可解释的部分，其中大部分来自于职业内部。但该结论仅为经验判断，文中并无进一步分析。

虽然上述研究围绕职业对中国性别工资差异的影响进行了经验分析并取得了一些结果，但还存在着一些未解决的问题。在 Meng 和 Miller（1995）中，职业的分类过于简单，仅分为四类。在李实和马欣欣（2006）中，职业被处理为外生变量。由于没有具体测定因为职业分布的不同所造成的男女工资差异，即没有考虑到职业的内生性问题，因而还不能准确估计职业对男女工资差异的影响。

国外的研究者们，由于可以利用大型的雇主—雇员匹配数据，在这一问题的研究上取得了重要的进展。掌握职业或者岗位信息，就可以对同企业内从事相同职业的男女员工的工资进行比较（Petersen and Morgan, 1995; Petersen et al., 1997; Meyersson Milgrom et al., 2001; Groshen, 1991; Datta Gupta and Rothstein, 2001; Bayard et al., 2003; 等等）。只是通过简单地组合不同形式的工资分解来观察职业内平均工资的性别差异的明显缺陷在于个人特征的异质性无法控制。

一些研究（Korkeamäki and Kyyrä, 2002; Groshen, 1991），则对一系列控制变量和女性在行业、企业、职业和（或）岗位中的比例做回归。其关键想法在于：回归得到的女性比例变量的系数，可以捕捉到（capture）工资率与潜在的劳动力市场结构中的"女性因素"的关系。利用大型雇主—雇员匹配数据库，Korkeamäki 和 Kyyrä（2002）探讨了芬兰制造业部门中的"白领"男女之间的性别工资差异。作者观察到该数据具有嵌套结构，即包含了：企业、企业内的职业以及企业内的职业内的工人这三个层面的信息。一个工作（job），可以被定义为一个企业内的职业。与员工的个人特征相关的工资率，同时也受到该员工受雇的企业以及该企业内该工作的具体情况的影响。通过对这三个层面的信息变量做回归模型，其残差项包含一个双向嵌套结构（企业与企业内职业的截距项）。在这个回归结果的基础上，可以将全部的性别差异分解为：性别隔离、个人特征的性别差异与不可解释的职业内差异三个贡献部分。

第二节 计量模型

本部分的研究方法，主要参考 Bayard 等（2003）*New Evidence on Sex Segregation and Sex Differences in Wages from Matched Employee-Employer Data*，Gupta 和 Rothstein（2001）*The Impact of Worker and Establishment-level Characteristics on Male-Female Wage*，Korkeamäki

和 Kyyrä（2006）*A gender wage gap decomposition for matched employer-employee data* 三篇经典文献。下面我们给出并解释具体的计量模型。

假设男女性别工资差距是个人人力资本特征与"女性"特征的函数。所谓"女性"特征是由在工人工作的职业、行业、企业中女性所占的比例来表示。那么，我们可以估计以下形式的工资回归方程：

$$w = \alpha + \beta_1 F + \beta_2 Occ\%F_o + \beta_3 Ind\%F_i + \beta_4 Est\%F_e + \beta_5 X_f + \mu \quad (4.1)$$

其中，w 是指小时工资的对数形式；F 是性别虚拟变量，如果个人为女性，则取值为 1；$Occ\%F_o$ 是指女性员工在职业 o 内所占比例；$Ind\%F_i$ 是指女性员工在行业 i 中所占比例；$Est\%F_e$ 是指女性员工在企业 e 中所占比例；X 代表控制变量矩阵。

估计出方程（4.1）的系数，我们可以构建一个工资分解来表示男女之间平均工资对数的差异，如下所示：

$$w_f - w_m = \beta' + \gamma'(Occ\%F_f - Occ\%F_m) + \delta'(Ind\%F_f - Ind\%F_m) + \theta'(Est\%F_f - Est\%F_m) + (X_f - X_m)\varphi' \quad (4.2)$$

其中，变量的下角标 f 和 m 分别代表女性和男性。

这一分解结果，给出了工资差异是由以下几部分组成——由于职业隔离使得女性在某些（通常指低收入）职业 $[\gamma'(Occ\%F_f - Occ\%F_m)]$、行业 $[\delta'(Ind\%F_f - Ind\%F_m)]$、企业 $[\theta'(Est\%F_f - Est\%F_m)]$ 就职所导致的差异；$(X_f - X_m)\varphi'$ 是其他可观测特征之间的差异。

第三节 变量的选取与统计描述

一 变量的选取

本部分的研究数据主要来源于两个数据库，最主要的一部分来源于 2012 年"中国雇主—雇员匹配数据调查"第二次试调查数据

(以下简称"匹配数据"),主要采用其中个人特征、企业特征方面的信息;另一部分是2010年全国人口普查数据(以下简称"六普"数据),主要采用其中女性在行业和职业中所占比例的信息。

在本部分的被解释变量选取上,对于第三部分中已经讨论过的变量,我们仅作为控制变量放入模型中,不再做单独讨论,只集中讨论女性特征。

(1)因变量。本书讨论的是劳动力市场上男女性别工资差异,因此我们选择的变量是员工"上个月实际从企业获得的税后工资收入",为剔除由于不同企业不同工作中员工工作时间的不一致而导致的收入差距,即剔除"加班"带来的额外收入,我们用员工"上个月平均每周实际工作时间(小时)"将月工资收入换算成"小时工资收入",并以此作为分析的因变量。在实际操作的时候,按照惯例,我们对工资收入变量取自然对数值,以便使其接近正态分布。

(2)性别特征变量。为了更明确地观察"性别"对劳动者个人工资收入的影响作用,本书将"性别"作为一个单独的解释变量放入工资方程中。在具体的统计模型设定中,性别是一个虚拟变量(女性=1)。

(3)女性特征变量。所谓"女性"特征由在工人工作的职业、行业、企业中女性所占的比例来表示。其中,本书中使用的行业的女性比例和职业的女性比例是根据"六普"数据估算出来的。然后合并(merge)到"匹配数据"中进行分析。需要指出的是,我们认为不能直接采用从"雇主—雇员匹配数据"中计算出来的行业的女性比例和职业的女性比例,主要基于以下两方面的考虑:一是"匹配数据"的样本数量较小,分布到每个行业、每个职业中的人数很少,这样直接估计出来的行业的女性比例和职业的女性比例,会导致测量误差很大;二是如果所采用的变量直接从"匹配数据"计算得到,并用来估计该行业、职业的平均工资,可能会存在内生性问题。而"六普"数据的样本量极大,据此计算出来的行业的女性比例和职业的女性比例等变量信息的可信度较高,并且不存在内生性问题。这样操作的唯一缺点在于两个数据库的调查时间不一致，中间存在2年的时差。但是，行业的女性比例和职业的女性比例作为结构性的特征，其变化是渐进且缓慢的，在两年时间内不会有太大的变动，因此这种做法对分析结果的可靠性的影响微乎其微。本书所使用的企业的女性比例则直接由"匹配数据"中所设题目"企业中全部从业人员总数（人数）"，以及"其中，男性员工人数（或比例）"计算得到。该变量信息也是"匹配数据"中独有的信息。

（4）个人特征变量。本部分研究中主要选取以下几个可测量指标：①工作经验、工作经验的平方项；②受教育年限（连续变量，由于在第三章中，我们已经较为详细地分析了"受教育程度"的收入效应，在本章中，教育仅作为一个重要的控制变量放入，于是选择"受教育年限"为解释变量）。

（5）企业特征变量。主要包括：①地区虚拟变量（东部地区=1），②城市级别虚拟变量（省会城市或直辖市=1），③企业控股类型虚拟变量（国有控股=1），④企业规模虚拟变量（以小型企业为参照组）。

（6）行业虚拟变量（分20大类）和职业虚拟变量。

二　变量的统计描述

细分行业的小时平均工资，我们可以看出（见表4-1），金融业的小时工资收入最高（22.03元），由于该行业具有较高的垄断水平，虽然工作时间最短（173.69小时），但月工资收入水平最高（3827.15元），虽与批发和零售业、房地产业、租赁和商务服务业同样具有商业性质，但工资收入远远超过其他几个同属于社会服务业的行业。居民服务和其他服务业虽然也是服务性质的行业，但与租赁和商务服务业相比，工作时间更长（后者也是所有行业中工作时间最长的行业，为220.08小时），收入更低，其小时工资收入为11.31元，比商业服务业少2.99元。电力生产及供应行业也同样是具有较高的垄断性质，但是在本次匹配数据调查中的行业收入排名很低，这可能与企业样本量较少，故而存在较大的测量误差有关。IT 与技术科研的小时工作收入分别为行业排名第二位和第三位，这两个行业都属于人力资本密集型的行业，因此，工作时间较短，且工资收入水平较高，人力资本投资回报率较高。教育行业的收入与其人力资本投资回报率并不相称，小时工资收入仅为 11.53 元，可见国家对于整个教育行业的投资需要继续改善。卫生、社会保障行业的收入最低（仅为 9.57 元）。

表 4-1　　变量的统计描述——行业职业工资差异　单位：元，小时

	小时平均工资	月平均工资	月平均工作时间
行业类型			
1. 农、林、牧、渔业	10.14	2214.23	218.46
2. 制造业	12.37	2355.56	190.46
3. 电力、燃气及水的生产和供应业	10.34	1809.86	175.00
4. 建筑业	14.74	2710.45	183.87
5. 交通运输、仓储和邮政业	16.74	3186.11	190.34
6. 信息传输、计算机服务和软件业	21.87	3867.74	176.83
7. 批发和零售业	12.86	2506.45	194.83
8. 住宿和餐饮业	10.19	2189.83	214.88
9. 金融业	22.03	3827.15	173.69
10. 房地产业	13.60	2460.07	180.89
11. 租赁和商务服务业	14.30	2583.96	180.68
12. 科学研究、技术服务和地质勘查业	20.54	3602.49	175.36
13. 水利、环境和公共设施管理业	17.21	2990.20	173.73
14. 居民服务和其他服务业	11.31	2489.53	220.08
15. 教育行业	11.53	2155.86	186.98
16. 卫生、社会保障和社会福利业	9.57	1800.07	188.00
17. 文化、体育和娱乐业	15.61	2912.81	186.56
职业类型			
1. 单位负责人	21.94	4057.15	184.88
2. 专业技术人员	17.11	3075.98	179.78
3. 办事人员	13.96	2475.37	177.32

续表

职业类型	小时平均工资	月平均工资	月平均工作时间
4. 商业服务业人员	11.71	2314.29	197.68
5. 农副业人员	8.46	1873.33	221.56
6. 产业工人	11.99	2363.20	197.23

结论是，竞争比较充分的行业，如：农林业、社会服务业以及商业的职工工资收入水平最低。具有高劳动强度的行业，如制造业、建筑业、交通运输业的职工工资收入水平也较低。具有高学历和专业技术技能的行业，如计算机服务软件业和技术科研等行业的职工工资收入水平很高。可见，与人力资本密集型行业相比，劳动密集型行业不具备工资收入方面的优势。具有垄断性质的行业，如金融业的工资水平最高。这说明，随着市场化进程的推进，行业间工资水平的高低主要取决于人力资本因素与垄断因素。其中，人力资本因素可视为劳动力市场供给方面的因素，是劳动力市场竞争机制发挥作用的重要表现。在中国的劳动力市场上，人力资本回报率高是构成行业收入差距的重要原因。而垄断因素则是劳动力市场需求方面的决定因素，属于非竞争性方面的因素。

进一步对行业和职业分别作统计分析，如表4-2所示，我们可以发现，性别工资差距较大的几个行业，如农林业、教育业、卫生业，同时也是女性相对集中的行业，女性比例均接近或超过50%。这些行业相对来讲，工作时间较长、工作条件较差、整体平均收入较低，同时，这些行业内的性别歧视又相对更加严重，大量聚集在这些行业内的女性的待遇和处境可想而知。

表4-2　　变量的统计描述——女性比例与工资差异　　单位:%，元

	女性比例	女性工资	男性工资	性别工资差异
平均小时工资	54.37	13.44	15.25	-1.81

续表

	女性比例	女性工资	男性工资	性别工资差异
行业类型				
1. 农、林、牧、渔业	49	8.00	13.37	−5.37
2. 制造业	18	11.92	13.48	−1.56
3. 电力、燃气及水的生产和供应业	44	10.30	10.86	−0.56
4. 建筑业	29	14.22	15.74	−1.52
5. 交通运输、仓储和邮政业	14	17.22	18.01	−0.79
6. 信息传输、计算机服务和软件业	16	16.45	25.45	−9.00
7. 批发和零售业	40	12.31	14.69	−2.38
8. 住宿和餐饮业	53	9.45	12.42	−2.97
9. 金融业	54	23.02	23.79	−0.77
10. 房地产业	50	13.99	14.16	−0.17
11. 租赁和商务服务业	36	14.79	14.81	−0.02
12. 科学研究、技术服务和地质勘查业	38	20.42	21.32	−0.90
13. 水利、环境和公共设施管理业	34	16.25	18.50	−2.25
14. 居民服务和其他服务业	42	11.36	12.98	−1.62
15. 教育	47	10.64	13.72	−3.08
16. 卫生、社会保障和社会福利业	55	7.69	18.73	−11.04
17. 文化、体育和娱乐业	60	15.13	16.39	−1.26
职业类型				
1. 单位负责人	25	20.83	24.54	−3.71
2. 专业技术人员	51	16.10	19.51	−3.41
3. 办事人员	33	15.03	13.35	1.68
4. 商业服务业人员	52	11.24	13.45	−2.21
5. 农副业人员	49	7.52	10.62	−3.10
6. 产业工人	32	10.62	13.26	−2.64

从职业类型来看,"单位负责人"显然是社会声望高、收入较为稳定、工作条件相对较好的职业,但是,女性在这个职业中,不仅人数比例最低,而且性别工资差距最大。随着近年来,女性受教育程度不断提高,尤其是接受高等教育的女性人数不仅接近男性,

在某些专业领域还远远超过了男性，于是，在"专业技术人员"中就业的女性数量也在赶超男性。但遗憾的是，根据数据显示，在这一职业中，性别工资差距也是相当可观。可见，"人多势不重"，女性在这一职业领域遭受的性别歧视仅次于"单位负责人"。

第四节　计量结果

一　全部样本

为了估计性别对收入的效应，以及这种效应如何受到其他因素的影响，我们建立一系列嵌套结构的模型：首先，模型 1 是基准模型，单独估计女性性别的效应；在接下来的 5 个模型中依次放入女性特征变量（即女性在行业中、职业中和企业中的比例）、人力资本变量（工作经验、受教育程度）、地区和城市控制变量以及职业和行业控制变量；最后一个模型，即模型 7，去掉女性特征变量，对工资方程做 OLS 回归分析（见表 4-3）。

表 4-3　考虑女性特征的工资议程 OLS 回归结果

	模型 1	模型 2	模型 3	模型 4	模型 5	模型 6	模型 7
女性	-0.136*** (0.0177)	-0.213*** (0.0227)	-0.209*** (0.0227)	-0.213*** (0.0204)	-0.192*** (0.0193)	-0.153*** (0.0184)	-0.134*** (0.0145)
行业内的女性比例		-0.361*** (0.0919)	-0.212** (0.0962)	-0.198** (0.0865)	-0.201** (0.0817)	-0.118 (0.0774)	
职业内的女性比例		-0.267*** (0.089)	-0.226** (0.0891)	-0.0325 (0.0805)	0.0239 (0.0759)	0.0287 (0.0724)	
企业内的女性比例				-0.214*** (0.0423)	-0.143*** (0.0381)	-0.104*** (0.036)	-0.0969*** (0.0344)
工作经验					0.0199*** (0.00252)	0.0237*** (0.0024)	0.0206*** (0.00228)	0.0205*** (0.00229)

续表

	模型1	模型2	模型3	模型4	模型5	模型6	模型7
工作经验的平方项				-0.000539*** (0.0000695)	-0.000621*** (0.0000658)	-0.000551*** (0.0000622)	-0.000548*** (0.0000623)
受教育年限				0.0781*** (0.00288)	0.0693*** (0.00282)	0.0535*** (0.00305)	0.0542*** (0.00305)
东部地区					0.217*** (0.0157)	0.212*** (0.0151)	0.217*** (0.015)
省会城市或直辖市					0.116*** (0.0176)	0.156*** (0.0171)	0.156*** (0.0171)
国有控股					-0.160*** (0.0225)	-0.190*** (0.0221)	-0.187*** (0.0221)
中型企业					0.0893*** (0.0174)	0.120*** (0.0181)	0.122*** (0.0181)
大型企业					0.283*** (0.0265)	0.299*** (0.0257)	0.299*** (0.0257)
行业变量和职业变量	N	N	N	N	N	Y	Y
截距项	2.587*** (0.0131)	2.946*** (0.0679)	2.969*** (0.0678)	1.708*** (0.0771)	1.517*** (0.0742)	1.659*** (0.148)	1.543*** (0.136)
N	3445	3445	3445	3445	3445	3445	3445
R^2	0.017	0.025	0.032	0.219	0.31	0.4	0.398

注：括号中的数字是标准误，***、**和*分别表示显著性水平为1%、5%和10%。

模型1（基准模型），女性的性别系数为-0.136，且在1%的水平上是显著的。依次加入女性特征变量之后，模型2中女性的性别系数下降到-0.213，可见行业内与职业内的性别隔离加剧了性别不平等的程度，且行业内的性别隔离对女性收入的负效应更大。在模型3中，继续放入企业中的女性比例变量，女性的性别系数略有提升，且行业中和职业中的女性比例的系数都相应提高，但性别系数相较模型1，还是显著降低了。这说明，虽然企业内的性别隔离抵消了部分行业内和职业内的性别隔离,但是这三种不同形式的性别隔离一道加剧了劳动力市场歧视的程度。模型4中加入了人力资本变量,女性的性别系数略有下降。我们观察到,女性的工作经验和受教育年限的回报率均对女性收入有显著的正向影响,并且弱化了行业内、职业内以及企业内性别隔离对女性收入的负效应;人力资本变量的加入,女性特征的系数值统统提高了,尤其是职业内的女性比例的系数大大提高且不再统计显著。这说明,女性的人力资本的回报率在一定程度上解释了女性由于职业隔离所引起的性别不平等;但是,人力资本对收入的正向影响远远低于职业隔离对收入的负向影响,因此还是从整体上加剧了性别不平等的程度。在模型5中,加入企业特征变量后,女性比例系数上升至 −0.192。企业分布在东部地区和省会城市或直辖市,均对女性的个人收入产生显著的正向影响;但是,相对于非国有控股企业,在国有控股企业中就业,会对女性收入产生负向影响;而相对于小型企业,企业规模对女性收入有显著正向影响,企业规模越大,女性收入的回报率越高。全部企业特征对女性收入的正向影响更为明显,同时会使整个劳动力市场中性别不平等的水平有所下降。在模型6中,加入行业变量和职业变量,女性性别系数显著上升至 −0.153,其他变量系数均略有下降,这说明,行业间与职业间的性别隔离共同减轻了整个劳动力市场性别歧视的程度。即女性在行业间与职业间的分布比例对女性收入的提高是有帮助的,也就是说,女性在行业间和职业间的分布虽然不均衡,但是具有一定的合理性。对比模型6和模型7我们发现,如果不考虑女性特征(模型7),女性的性别系数为 −0.134,但是加入女性在行业内、职业内和企业内的分布比例变量后(模型6),女性的性别系数降低到 −0.153,显然,行业内、职业内和企业内的性别隔离使得劳动力市场上性别不平等的程度大大增加了。

为了更加准确地分析职业性别隔离以及其他因素对性别工资差异的影响程度,接下来,我们将通过分解来估计各个要素的贡献率。首先，我们分别估计男性和女性的工资方程的回归系数，放在第二栏和第三栏；将所有变量的样本均值分男女放在第四栏和第五栏，最后一栏是样本均值差异；第一栏是估计出的各要素对性别工资差异的贡献率（见表4-4）。

表4-4　考虑女性特征的全因素性别工资差异的均值分解结果

	贡献率（%）	男性回归系数	女性回归系数	男性样本均值	女性样本均值	样本均值差异
小时工资的自然对数				2.587	2.451	0.136
行业内的女性比例	-15.785	0.312*** (0.116)	-0.667*** (0.116)	0.57	0.449	0.121
职业内的女性比例	-17.734	-0.131 (0.166)	-0.250* (0.134)	0.576	0.450	0.126
企业内的女性比例	-5.794	-0.0504 (0.0551)	-0.123*** (0.0471)	0.615	0.524	0.091
工作经验	28.925	0.0289*** (0.00338)	0.0140*** (0.00344)	13.149	11.320	1.829
工作经验的平方项	-0.280	-0.000761*** (0.0000866)	-0.000372*** (0.000101)	2.824	2.153	0.671
受教育年限	-22.611	0.0650*** (0.00419)	0.0667*** (0.00385)	12.648	13.113	-0.465
东部地区	2.900	0.202*** (0.0229)	0.215*** (0.0213)	0.483	0.464	0.019
省会城市或直辖市	3.447	0.150*** (0.0262)	0.105*** (0.023)	0.726	0.69	0.036
国有控股	-4.279	-0.187*** (0.0324)	-0.154*** (0.0305)	0.169	0.135	0.034
企业规模	-0.113	0.124*** (0.018)	0.171*** (0.0158)	0.518	0.519	-0.001
行业	-2.900	0.00296 (0.00328)	0.00617** (0.00296)	6.992	7.854	-0.862
职业	18.733	-0.0591*** (0.0107)	-0.0367*** (0.00958)	2.228	2.759	-0.531

续表

	贡献率（%）	男性回归系数	女性回归系数	男性样本均值	女性样本均值	样本均值差异
截距项		1.399*** (0.146)	1.786*** (0.0884)			
N		1572	1873			
R^2		0.305	0.358			

注：括号中的数字是标准误，***、**和*分别表示显著性水平为1%、5%和10%。

小时工资的自然对数的差异为0.136。我们发现：尽管女性在行业内、职业内和企业内的分布比例的收入效应均显著低于男性，但是由于女性在行业内、职业内和企业内的分布比例的样本均值也均低于男性，因此从总体上看，行业内、职业内和企业内的性别隔离缩小了性别工资差异。

工作经验对性别工资差异的贡献率最高。这是由于女性在工作经验上的回报率显著低于男性，并且在工作年限上的均值也低于男性，于是，男女在工作经验上的禀赋差异成为扩大性别工资差异的主要因素之一。受教育年限对性别工资差异的贡献率仅次于工作经验。这是由于女性的教育回报率高于男性，受教育年限也高于男性。因此，教育成为缩小性别工资差异的最主要的因素之一。虽然企业的控股类型和企业规模会减少性别工资差异，但是企业处于东部地区和省会城市或直辖市会增加性别工资差异，这些特征变量的贡献作用互相抵消，使得企业特征变量总体上增加了性别工资差异。行业间的性别隔离减少了性别工资差异，而职业间的性别隔离却在很大程度上增加了性别工资差异（详细分析见第三章）。

可见，在全部样本中，职业间的性别隔离是扩大性别工资差异的主要原因之一，而行业间的性别隔离、行业内的性别隔离、职业内的性别隔离与企业内的性别隔离一道，不同程度地缩小了性别工资差异。

二 分行业比较

在本书的第三章中，我们详细地分析过，行业间的性别隔离水平存在较大的差异。在行业之间存在工资差异，而且行业内的职业结构差别也很大，于是，我们有必要进一步对行业内的性别工资差异进行分解，即分析不同行业内，职业间、职业内与企业内的性别隔离对性别工资差异的贡献。我们首先按行业小时平均工资收入由低到高来排列以下行业（见表4-5）。

表4-5　　　　不同行业内女性的职业间和职业内分布　　　　单位:%

		制造业	贸易餐饮	社会服务	房地产	交通仓储	科研IT	金融保险
女性职业间分布	单位负责人	5	5	6	9	14	9	7
	专业技术人员	21	13	35	15	37	46	51
	办事人员	13	7	9	24	21	27	19
	商业服务业人员	17	75	50	51	29	17	24
	产业工人	44				1		
女性职业内分布	单位负责人	13	24	28	16	13	16	22
	专业技术人员	54	70	53	59	49	38	54
	办事人员	31	33	31	33	37	41	29
	商业服务业人员	40	52	56	47	37	45	55
	产业工人	48	26	14	17	8	30	9

上表给出了行业内职业内和职业间的女性分布比例。先来看职业内的女性分布情况。单位负责人，属于高层管理人员，且该职业中男女的平均工资收入都最高，我们看到在社会服务业中女性单位负责人的比例最高为28%，而该行业平均收入只是中等偏下水平；而在高收入的金融保险和科研IT行业内，单位负责人中的女性比例却相对较低，分别为22%和16%；在收入最低的制造业内该职业的比例最低，只占13%左右。我们可以看出，不论整个行业的收入水平如何，相比其他职业种类来说，女性在这个行业内收入水平最高的职业中所占的比例几乎总是最低的。而且，从之前的职业收入统计描述中我们已获知，这个职业的性别工资差距也是所有职业分类

中最大的。可见，即使女性就任高层管理者，性别收入不平等的状况也依然存在。专业技术人员在贸易餐饮业内的女性比例最高，达70%；在人力资本密集型的高收入的科研IT行业中，女性仅占38%；在其他行业中，女性均达到半数以上。20世纪八九十年代，专业技术人员是女性在其中的比例增加最快的职业。但是，这个职业也是仅次于单位负责人职业，性别工资差异最大的职业。办事人员在各个行业内的女性比例都差不多，而且该职业的性别工资差距是最小的；就全部样本来看，女性的平均小时工资还略高于男性。商业服务业人员的女性比例在贸易餐饮、社会服务以及金融保险等具有服务性质的行业中所占的比例都高于男性；在生产性行业，如制造业、交通仓储等行业中所占的比例就相对较低。产业工人整个职业规模在许多行业中都是相当低的，而女性在其中所占的比例则非常不平衡，如在制造业中占48%，而在金融保险业仅占9%。

再来看女性的职业间分布情况。单位负责人是所有行业中女性比例最低的职业，只有交通仓储行业相对来说较高，达到14%；制造业和贸易餐饮业最低，仅占5%。其他职业的职业间分布比例与其所处行业的性质有很大关系。专业技术人员的女性从业比例在科研IT业和金融保险业最高，分别占到46%和51%；在贸易餐饮业和房地产业较低。办事人员的分布比例以科研IT业最高。商业服务业人员在贸易餐饮业的比例最高，达到75%；在社会服务业和房地产业分别占到从业人员的一半。女性产业工人在制造业中的从业比例最高。我们可以发现：在不同的行业内部，女性多集中于低收入的职业中，尤其是在制造业中44%的女性集中于劳动强度最高且收入水平最低的产业工人职业中。

通过上述分析我们看出：女性在各个行业内，不论是高收入行业还是低收入行业，女性在高收入职业就职的比例都相对较小；而且，女性在各个职业内，不论是高收入职业还是低收入职业，女性的平均收入基本上都与男性存在差距。女性比例失调地就职于行业内的低收入职业；即使在具有优势的职业内就业，女性在该职业内的比例也非常低。

下面，我们通过对各个行业的工资方程的回归，来进一步观察女性在行业内的职业性别隔离对其劳动力市场地位和个人收入的影响。由于同时放入"女性（女性＝1）"和"行业中的女性比例"会引起共线性，于是，我们仅保留"女性"变量。

我们按照行业收入由低至高的顺序分别对制造业、贸易餐饮业、社会服务业、房地产业、交通仓储业、科研IT业和金融保险业做工资方程的回归分析，观察每一个行业内的性别不平等水平以及性别工资差异情况。

先做回归，结果见表4-6。

每个行业方程中放入的变量相同，但R^2变化很大，说明在每个行业中，这些变量对于行业收入的决定程度相差很多，也就是说，R^2越小，说明我们找到的工资收入的影响因素越不足，还有许多我们不能在本书中逐一讨论和解释的问题。

制造业的女性性别的系数是-0.198，并且在1%的水平上统计显著。相比其他行业，这一系数几乎最低（仅次于交通仓储业，但该行业的女性性别系数在统计上不显著），即与其他行业相比，制造业的性别不平等的程度非常高。职业内隔离系数为-0.382，对工资收入的负面影响最为显著。职业间隔离的影响中，仅单位负责人具有较高的正向回报，但这也增加了整个行业收入不平等的程度。企业内隔离的系数为-0.0126，影响不大且不显著，说明女性在企业内的职业分布不存在明显的不平等。

贸易餐饮业的女性性别系数为-0.143，其性别不平等程度相对较高。女性收入的负面影响主要来自于企业内隔离。职业间隔离的影响非常大，几乎所有的职业系数均为负值且在1%的水平上统计显著，说明该行业的女性在职业间分布的性别不平等较为严重。

社会服务业的女性性别系数最低，为-0.00224，说明该行业的女性在劳动力市场没有受到明显的性别不平等待遇。而该行业的职业内性别隔离程度最高，为-0.777；而且职业间的性别隔离系数也均为统计显著的负值，并且是行业间最高的。

表 4-6 考虑女性特征的分行业 OLS 回归结果

	制造业	贸易餐饮业	社会服务	房地产	交通仓储	科研 IT 业	金融保险
女性	-0.198***	-0.143***	-0.00224	-0.0837	-0.202	-0.192*	-0.113
	(0.0291)	(0.0266)	(0.0674)	(0.065)	(0.136)	(0.105)	(0.117)
职业内的女性比例	-0.382***	0.0321	-0.777**	-0.161	-0.153	-0.0651	-0.0365
	(0.122)	(0.136)	(0.357)	(0.186)	(0.338)	(0.333)	(0.328)
企业内的女性比例	-0.0126	-0.244***	-0.0639	-0.0385	-0.189	0.0105	0.265
	(0.0571)	(0.0587)	(0.139)	(0.137)	(0.241)	(0.166)	(0.219)
工作经验	0.0260***	0.0141***	0.0148	0.0209***	0.0269**	0.0338***	0.0310*
	(0.00345)	(0.00444)	(0.0108)	(0.00689)	(0.0135)	(0.013)	(0.0162)
工作经验的平方项	-0.000638***	-0.000488***	-0.000437	-0.000577***	-0.000315	-0.000466	-0.000919*
	(0.0000878)	(0.000133)	(0.000277)	(0.000179)	(0.00038)	(0.000508)	(0.000497)
受教育年限	0.0467***	0.0539***	0.0593***	0.0635***	0.0422**	0.0553***	0.0702***
	(0.00448)	(0.00544)	(0.0155)	(0.00749)	(0.0185)	(0.015)	(0.0236)
东部地区	0.0807***	0.269***	0.225***	0.112**	0.435***	0.308***	0.774***
	(0.0241)	(0.027)	(0.0764)	(0.0476)	(0.0957)	(0.0612)	(0.117)
省会城市或直辖市	0.112***	0.176***	-0.101	0.348***	0.469***	0.11	-0.393***
	(0.028)	(0.0286)	(0.0832)	(0.0534)	(0.11)	(0.0819)	(0.141)
国有控股	-0.290***	-0.101**	-0.255	-0.0179	-0.482***	-0.517***	-0.283***
	(0.044)	(0.0416)	(0.155)	(0.0646)	(0.104)	(0.114)	(0.106)

续表

	制造业	贸易餐饮业	社会服务	房地产	交通仓储	科研IT业	金融保险
中型企业	0.0387 (0.0378)	0.150*** (0.0278)	-0.183* (0.0937)	0.133** (0.0588)		0.110* (0.0569)	0.471*** (0.109)
大型企业	0.394*** (0.0595)	0.203*** (0.0404)	-0.0974 (0.211)	0.124* (0.0698)	0.711*** (0.146)	0.442*** (0.118)	0.407*** (0.148)
职业分类							
单位负责人	0.287*** (0.0549)	0.0163 (0.109)	-0.297 (0.279)	0.091 (0.136)	0.596* (0.338)	0.578*** (0.172)	-0.567*** (0.136)
专业技术人员	0.0536 (0.0359)	-0.241*** (0.0918)	-0.536** (0.243)	0.016 (0.135)	0.323 (0.325)	0.327** (0.153)	-0.722*** (0.162)
办事人员	-0.0692* (0.0416)	-0.275*** (0.1)	-0.631** (0.261)	-0.239* (0.13)	0.366 (0.333)	0.239 (0.164)	-0.573*** (0.155)
商业服务业人员	0.0029 (0.0349)	-0.319*** (0.0852)	-0.697*** (0.241)	-0.243* (0.124)	0.192 (0.311)	0.289* (0.165)	
截距项	1.891*** (0.101)	1.840*** (0.146)	2.677*** (0.464)	1.536*** (0.247)	1.317** (0.543)	1.381*** (0.382)	1.773*** (0.5)
N	1014	1105	198	308	128	275	157
R^2	0.275	0.392	0.34	0.541	0.611	0.45	0.444

注：括号中的数字是标准误，***、**和*分别表示显著性水平为1%、5%和10%。

房地产业与金融保险业的女性性别系数均最低，说明这两个行业的性别不平等程度不显著。但是，房地产业的职业内隔离较高，企业间的隔离程度不显著；而金融保险业的职业内隔离不显著，但企业隔离较高，尤其是职业间隔离的程度较高且在统计上显著。

交通仓储业的女性性别系数为-0.202，虽然在数值上最低，但在统计上不显著。职业内与企业内的女性比例的系数均为正值，说明职业性别隔离对女性收入的影响是正向的，而且职业间的隔离程度很高。

通过对不同行业的工资回归结果的分析，我们发现一些有趣的结论：（1）在人力资本最密集的行业（科研 IT 业）与劳动最密集的行业（制造业）中，性别不平等程度是最高的；房地产业和金融保险业的性别不平等程度最低；（2）社会服务业的女性系数是最低的，但职业内的性别隔离和职业间的性别隔离程度都是行业间最高的；（3）贸易餐饮业的企业内性别隔离程度在行业间较高（仅次于金融保险业），且系数值是唯一在 1% 的水平上具有统计显著性的。

最后，我们按照每个行业的性别不平等的程度来为行业做个排名（由高至低）：科研 IT 业、制造业、贸易餐饮业、交通仓储业、房地产业、金融保险业、社会服务业。

接下来，我们分行业来估计职业内与企业内隔离对性别工资差异的贡献率。我们分别对各行业的男性和女性做工资方程的回归，并将回归系数分别放在每个分解表格的第二栏和第三栏中，并且将每个变量的分性别样本均值放在第四栏和第五栏中，最后一栏为男女性别样本均值的差异（男性-女性），每个表格的第一栏为各解释变量对性别工资差异的贡献率。

（一）制造业

在制造业中，性别工资的差异系数为 0.124，小于全部样本水平。该行业中，职业内和企业内的性别隔离共同缩小了性别工资差异；而职业间的性别隔离扩大了性别工资差异。这是由于该行业内的女性集中于低收入职业内，且在职业内分布不平等，在高收入职业内分布比例最小，如"单位负责人"职业仅占 13%；而在低收入职业内分布比例较高。

在制造业中,劳动者的工作经验对性别工资差异的影响效果比教育水平更为显著,在很大程度上扩大了性别工资差异。这可能说明,在劳动密集型行业内,市场对于劳动者的工作经验的回报率要远远高于教育回报率,即对于工作经验的认可要大于对高学历的认可。

可见,在制造业企业中,职业内和企业内的性别隔离会缩小性别工资差异,而职业间的性别隔离会扩大性别工资差异,这与全部样本的分析结论是一致的。工作经验成为扩大性别工资差异的最大的影响因素,受教育年限、企业特征变量等则在不同程度上缩小了性别工资差异。

表 4-7 考虑女性特征的分行业性别工资差异的均值分解——制造业

	贡献率	男性回归系数	女性回归系数	男性样本均值	女性样本均值	样本均值差异
小时工资的自然对数				2.518	2.394	0.124
职业内的女性比例	−19.522	0.13 (0.187)	−0.566*** (0.175)	0.55	0.439	0.111
企业内的女性比例	−5.593	0.208*** (0.0795)	−0.275*** (0.0866)	0.645	0.438	0.206
职业	7.172	−0.0206* (0.0119)	−0.00863 (0.0117)	0.921	1.527	−0.607
工作经验	42.89	0.0307*** (0.00474)	0.0192*** (0.00535)	15.643	13.519	2.125
工作经验的平方项	−0.398	−0.000762*** (0.000114)	−0.000388*** (0.000149)	3.645	2.789	0.856
受教育年限	−28.911	0.0480*** (0.0059)	0.0587*** (0.00607)	11.65	12.32	−0.67
东部地区	−3.296	0.0838** (0.0341)	0.140*** (0.0354)	0.393	0.429	−0.036
省会城市或直辖市	−0.059	0.129*** (0.041)	0.0673* (0.0407)	0.764	0.765	−0.001

续表

	贡献率	男性回归系数	女性回归系数	男性样本均值	女性样本均值	样本均值差异
国有控股	-3.972	-0.295*** (0.0605)	-0.265*** (0.0628)	0.177	0.159	0.018
企业规模	2.553	0.148*** (0.0377)	0.176*** (0.0394)	0.303	0.283	0.019
截距项		1.446*** (0.139)	1.782*** (0.128)			
N		555	459			
R^2		0.212	0.299			

注：括号中的数字是标准误，***、**和*分别表示显著性水平为1％、5％和10％。

（二）贸易餐饮业

在贸易餐饮业中，性别工资的差异系数为0.214，高于全部样本的水平。该行业中，职业间、职业内和企业内的性别隔离虽然均对性别工资差异具有扩大效应，但是贡献均非常小。可见，该行业中的职业性别隔离不是造成性别工资差异的主要原因。

表4-8　考虑女性特征的分行业性别工资差异的均值分解
——贸易餐饮业

	贡献率	男性回归系数	女性回归系数	男性样本均值	女性样本均值	样本均值差异
小时工资的自然对数				2.533	2.319	0.214
职业内的女性比例	0.237	0.144 (0.248)	-0.223 (0.143)	0.503	0.516	-0.013
企业内的女性比例	2.916	0.0566 (0.11)	-0.288*** (0.0694)	0.553	0.607	-0.054
职业	0.312	-0.0605*** (0.0224)	-0.0678*** (0.0173)	3.494	3.504	-0.010

续表

	贡献率	男性回归系数	女性回归系数	男性样本均值	女性样本均值	样本均值差异
工作经验	3.623	0.0302*** (0.00708)	0.00503 (0.00586)	10.817	10.376	0.440
工作经验的平方项	-0.049	-0.000817*** (0.000197)	-0.00028 (0.000185)	2.002	1.809	0.193
受教育年限	-3.38	0.0424*** (0.00833)	0.0608*** (0.00695)	12.636	12.776	-0.140
东部地区	17.894	0.220*** (0.0454)	0.283*** (0.0335)	0.533	0.381	0.152
省会城市或直辖市	8.457	0.0998* (0.0511)	0.180*** (0.0335)	0.770	0.641	0.129
国有控股	-1.9	-0.0758 (0.068)	-0.0912* (0.0542)	0.132	0.083	0.049
企业规模	2.969	0.0974*** (0.0347)	0.127*** (0.0227)	0.726	0.67	0.057
截距项		1.687*** -0.238	1.767*** -0.150			
N		409	696			
R^2		0.239	0.452			

注：括号中的数字是标准误，***、**和*分别表示显著性水平为1%、5%和10%。

进一步分析我们可以发现，人力资本特征变量——工作经验与受教育年限对性别工资差异的影响也非常小，而且几乎互相抵消。

在贸易餐饮业中，企业所处地区和城市级别成为对性别工资差异影响最大的两个因素。

（三）科研IT业

科研IT业的性别工资差异系数为0.140，略高于全部样本的水平。该行业中，职业间和职业内的性别隔离缩小了性别工资差异，企业内的性别隔离却扩大了性别工资差异。

表 4-9　考虑女性特征的分行业性别工资差异的均值分解
　　　　——科研 IT 业

	贡献率	男性回归系数	女性回归系数	男性样本均值	女性样本均值	样本均值差异
小时工资的自然对数				2.979	2.839	0.140
职业内的女性比例	-8.868	1.394 (0.93)	-1.493** (0.658)	0.631	0.381	0.250
企业内的女性比例	16.371	0.583* (0.321)	-0.375* (0.207)	0.653	0.433	0.220
职业	-14.378	0.078 (0.073)	0.0362 (0.056)	2.145	2.497	-0.352
工作经验	-4.725	0.0266 (0.0235)	0.0270* (0.0147)	7.29	7.536	-0.246
工作经验的平方项	0.021	-0.000361 (0.000969)	-0.000157 (0.000553)	0.914	1.03	-0.116
受教育年限	-4.137	0.0903*** (0.0313)	0.0348** (0.0152)	15.298	15.391	-0.092
东部地区	-57.014	0.423*** (0.105)	0.414*** (0.0831)	0.492	0.682	-0.190
省会城市或直辖市	2.205	0.116 (0.17)	0.0513 (0.0819)	0.798	0.762	0.037
国有控股	-5.774	-0.368* (0.219)	-0.492*** (0.131)	0.105	0.086	0.019
企业规模	11.058	0.12 (0.073)	0.194*** (0.0543)	0.476	0.377	0.098
截距项		-0.311 (0.884)	2.405*** (0.333)			
N		124	151			
R^2		0.404	0.513			

注：括号中的数字是标准误，***、**和*分别表示显著性水平为1%、5%和10%。

该行业内，女性的教育回报率大大低于男性，使得受教育年限对性别工资差异的贡献非常小。

其他四个行业的性别工资差异非常小，分别为交通仓储业（-0.013）、金融保险业（0.034）、房地产业（0.029）、社会服务业（-0.0025），我们在此不再逐一做分解分析。

通过比较不同行业内的职业性别隔离对性别工资差异的影响，我们发现一些有趣的结论：(1)某些行业的性别工资差异问题比较严重，职业性别隔离程度也较高（在第一章的分析中，"批发和零售贸易、餐饮业"的标准化邓肯指数为29.49，相对较高），但是真正影响性别工资差异的却未必是职业的性别隔离；(2)不同行业内部，不同形式的职业性别隔离对性别工资差异的影响效应相差非常大。

第五节 结论

在这一章中，我们主要将职业性别隔离进一步分解为行业内、职业内和企业内的性别隔离，并分析了不同形式的职业性别隔离对性别工资差异的影响。结合本书第三章的研究，我们得出了主要的结论：在全部样本中，职业间的性别隔离是扩大性别工资差异的主要原因之一，而行业间的性别隔离、行业内的性别隔离、职业内的性别隔离与企业内的性别隔离一道，不同程度地缩小了性别工资差异。但是，在不同的行业内部，不同形式的职业性别隔离对性别工资差异的影响效应相差非常大。如在制造企业中，职业内和企业内的性别隔离会缩小性别工资差异，而职业间的性别隔离会扩大性别工资差异，这与全部样本的分析结论是一致的。在贸易餐饮业中，职业间、职业内和企业内的性别隔离虽然均对性别工资差异具有扩效应，但是贡献均非常小。可见，该行业中的职业性别隔离不是造成性别工资差异的主要原因。在科研IT业，职业间和职业内的性别隔离缩小了性别工资差异，企业内的性别隔离却扩大了性别工资差异。

除此之外，通过数据和模型分析，我们还得出以下一些结论。

竞争比较充分的行业，如农林牧渔业、社会服务业以及商业的职工工资收入水平最低。具有高劳动强度的行业，如制造业、建筑业、交通运输业的职工工资收入水平也较低。具有高学历和专业技术技能的行业，如计算机服务软件业和技术科研等行业的职工工资收入水平很高。可见，与人力资本密集型行业相比，劳动密集型行业不具备工资收入方面的优势。具有垄断性质的行业，如金融业的工资水平最高。这说明，随着市场化进程的推进，行业间工资水平的高低主要取决于人力资本因素与垄断因素。其中，人力资本因素可视为劳动力市场供给方面的因素，是劳动力市场竞争机制发挥作用的重要表现。在中国的劳动力市场上，人力资本回报率高是构成行业收入差距的重要原因。而垄断因素则是劳动力市场需求方面的决定因素，属于非竞争性方面的因素。

在人力资本最密集的行业（科研IT业）与劳动最密集的行业（制造业），性别不平等程度是最高的；房地产业和金融保险业的性别不平等程度最低；社会服务业的女性系数，但职业内的性别隔离和职业间的性别隔离程度都是行业间最高的；贸易餐饮业的企业内性别隔离程度在行业间较高（仅次于金融保险业），且系数值是唯一在1%的水平上具有统计显著性的。

各个行业内的职业性别隔离对性别工资差异的影响机制不同，且影响程度存在差异。在制造业中，女性集中于低收入职业内，且在职业内分布不平等，在高收入职业内分布比例最小，而在低收入职业内分布比例最高，并且由于女性在整个职业内和企业内分布比例的样本均值小于男性，两项因素共同造成整个行业的性别不平等程度扩大。在贸易餐饮业中，虽然男性在企业内的分布几乎没有优势，但女性的企业内分布不平等，使得整体上企业内的隔离水平较大；但是企业内性别比例差异很小，所以企业隔离的解释贡献率也相应很小。在科研IT业中，女性的教育回报率大大低于男性，使得受教育年限对性别工资差异的贡献非常小。但是由于女性在东部地区的分布比例远远高于男性，使得地区差异的因素成为解释该行业内性别工资差异最主要的因素。科研IT业属于高收入行业，但职业性别隔离程度也相对很高。

第五章　企业间职业隔离对性别工资差异的影响

经济转型使中国劳动力市场结构发生了深刻的变化，这种变化必然会对男女性别工资差异产生复杂的影响。一方面，随着市场化改革的深入，私有经济在整个经济中的比重不断加大，使得市场环境趋于完全竞争状态，激烈的市场竞争将有可能缩小劳动力市场上的性别工资差异；另一方面，工资制度改革使得企业对工资制定具有越来越大的自主权，这也为具有性别偏好的企业管理者，提供了在工资决定中进行性别歧视的空间，这种工资决定权的转移将有可能扩大性别工资差异。

在之前的研究中，我们已经对性别工资差异的影响因素进行了全样本的全因素分解（见本书第三章），并且在考虑了"女性特征"的前提下对全样本和个别行业样本进行分解分析（见本书第四章）。分别分解出了行业间、职业间、行业内、职业内、企业内以及个别行业中职业间、职业内和企业内等不同形式的性别隔离对性别工资差异的贡献。于是，我们有必要在控制企业的影响之后，进一步分析职业性别隔离对于性别工资差异的影响。在本章中，我们主要使用面板数据的方法，将"企业特征"视为不可观测常量建立固定效应模型，来进行研究和讨论。

第一节 文献回顾

员工的个人特征和企业的特征同时影响企业员工的工资。劳动经济学家一般利用个体层面的数据来估计工资决定方程。然而，只有在员工的个人特征和企业特征不相关时，即使遗漏企业特征的变量，我们也能得到员工特征对工资影响的无偏估计。一旦两者之间存在"配对（sorting）关系"，我们估计得到的个人特征对工资的影响就是有偏的。

很多文献利用"匹配数据"研究解释了个体异质性、企业异质性以及可观测的工资差异等相互关联的一系列问题。Abowd 等（1999a，1999c）、Leonard 等（1999）、Burgess 等（1997）、Bingley 和 Westergrd-Nielsen（1996）、Groshen（1991，1996）等使用了法国的税收和社会保险机构记录（DADS）数据。Abowd 等（1999a）发现：对于对数年工资率的变化，在不控制不随时间变化的个人特征的条件下，个人效应可以解释的部分占 60%—80%，而企业效应仅能解释 4%—9%，且两者并不存在显著相关性（0.09—0.26）。Abowd 等（1999c）利用由华盛顿州失业保险记录与美国青年人的国家纵向调查（Washington State UI and NLSY）匹配的数据库再次检验 Abowd 等（1999a）的结论，发现：个人异质性对于对数工资的变化率的影响非常重要，可以解释的部分比企业层面的异质性可以解释的部分多一倍。使用马里兰州的事业保险系统的数据，Burgess 等（1997）发现，个人效应可以解释对数工资变化的 55%，而企业效应只能解释 35%。在最新的研究中，Abowd 等（2004）利用纵向雇主—家庭动态调查项目 LEHD（longitudinal employer-household dynamics program）的数据证明，仅仅使用传统的人口统计变量（如教育、职位、年龄、性别、婚姻状况等）和企业的特征（如企业的规模和行业信息等），只能解释收入差异的 30% 左右；而使用同时包括工人和企业特征的匹配数据的分析能够解释近90%的收入差异。

使用由英国工作场所雇佣关系调查（Workplace Employment Relations Survey，WERS）所提供的工作场所信息，与由年度工作时间与收入调查（Annual Survey of Hours and Earnings，ASHE）所提供的雇员信息匹配而成的数据库，Davies and Welpton（2008）研究发现，工作场所中对性别平等的监督并不能减少性别工资差异。

Abowd 和 Kramarz（1999b）证明，如果模型中不同时考虑个人和雇主效应，可能导致异方差的存在，对行业间工资差异也可能会出现不一致的估计。匹配数据首次给研究人员提供了在劳动力市场的大量影响中单独区分企业效应和员工效应的机会。利用法国劳动力调查与其雇主信息的匹配数据，Goux 和 Maurin（1999）发现，员工个人平均效应中的行业内部差异是行业内工资差异的主要来源，而企业效应可以解释的部分非常小。Lazear 和 Shaw（2007）使用来源于许多不同国家匹配的雇主—雇员数据进行研究，研究的主要发现是：国家间工资结构和工作变化非常相似，大多数工资差异存在于企业内。

第二节 研究方法

采用面板数据模型进行分析的主要目的在于两个方面：一是控制不可观测的个体异质性；二是描述和分析动态调整过程，处理误差成分。这一部分的研究工作旨在达成前一个目标，主要参考 Korkeamäki 和 Kyyrä（2003）《解释性别工资差异：来自随机效应模型的发现》（*Explaining Gender Wage Differentials：Findings from a Random Effects Model*）。

下面我们给出具体的研究步骤。

1. 工资方程的回归分析

首先，我们给出在企业 $j(j=1, 2, \cdots, F)$ 中的员工 $i(i=1, 2, \cdots, N)$ 的工资方程的总体回归函数，被解释变量为工资的对数形式：

$$E(w_{ji}|X_{ji}, f_i) = \eta s_{ji} + \beta' X_{ji} + f_i \tag{5.1}$$

其中，s 是指女性的虚拟变量，X 是个人特征矩阵，f 是企业影响。

在这里，我们将"企业特征"理解为常量，具有不可观测效应。为了充分估计 β 的附加假设，写出包含误差项形式的模型：

$$w_{ji} = \eta s_{ji} + \beta' X_{ji} + f_i + \varepsilon_{ji} \tag{5.2}$$

由于特质误差（the idiosyncratic errors）ε 会随着 j 和 i 变化，我们假设：

$$E(\varepsilon_{ji}|X_j, f_j) = 0 \quad 和 \quad E(\varepsilon_{ji}\varepsilon_{ji}|X_j, f_j) = 0, \ i \neq j \tag{5.3}$$

其中，X_j 包括企业 j 中所有员工的个人特征变量 X 与性别虚拟变量 s。在这一前提下，我们才可以应用混合 OLS，如果 f_j 与 X_j 中任意一个变量是相关的，那么混合 OLS 是有偏的，且不一致。这样一来，超出个人特征层面上所能解释的企业间的工资变化部分，即可用 f 进行衡量。

2. 对性别工资差异做分解

性别工资差异，即男女期望工资之间的差异，尤其是随机选择到的男性和女性之间的工资差异。对上述工资方程进行分解：

$$E(w|s=0) - E(w|s=1) = -\eta + \beta'[E(X|s=0) - E(X|s=1)] + [E(f|s=0) - E(f|s=1)] \tag{5.4}$$

$[E(f|s=0) - E(f|s=1)]$ 即为对企业内职业隔离的衡量。它的绝对值，表示女性比例失调地集中在低收入的企业。如果企业间男性和女性的分布相同，那么该值为零。

在得到分解结果之后，w 与 X 的条件均值被男性与女性的样本均值所代替，但是，其他影响因素仍然需要继续进行估计。我们将分别采用固定效应模型和随机效应模型来解决这一问题。

对于 f_i 是处理成随机效应还是固定效应，在于它是被看成随机变量还是被估计的参数。"固定效应"并不一定意味着将 f_i 处理成非随机的，相反，它意味着在不可观测效应 f_i 与可解释变量 X_{ji} 之间考虑任意相关性。

3. 固定效应模型

在回归分析中，我们以零相关性来表述严格外生性假设。在这里，我们需要以条件均值来表述严格外生性假设。我们在估计 η 和 β 时，将 f 视作固定常量。于是，我们认为模型条件于企业的影响是：

$$E(w_{ji}|X_j,f_j) = \eta s_{ji} + \beta' X_{ji} + f_i \tag{5.5}$$

当该假设成立时，我们说，$\{X_{ji}: i=1, 2, \cdots, N\}$ 是以不可观测效应 f_i 为条件严格外生的。估计 β 的思想是对一些方程进行变换，以便消去不可观测效应。在这里，η 和 β 将在工资 w 对性别 s、个人特征 X 和全部企业虚拟变量所做的回归中被估计出来。

接下来，由于企业的虚拟变量可能太多，以至于无法做出可行性估计，于是，我们用上式得到的 η 和 β 的估计值，运用混合回归（pooled OLS）变换模型。在这里，对于每一个 N，式（5.2）减去式（5.5），便可以得到 FE 变换后的方程：

$$w_{ji} - \overline{w_{j.}} = \eta(s_{ji} - \overline{s_{j.}}) + \beta'(X_{ji} - \overline{X_{j.}}) + \varepsilon_{ji} - \overline{\varepsilon_{j.}} \tag{5.6}$$

由此产生的"固定效应"（FE）估计值 $\hat{\eta}$ 和 $\hat{\beta}$ 与 (s, X) 之间的任意相关是一致的。企业影响可以通过下面的方程被估计出来：

$$\hat{f_i} = \overline{w_{j.}} - \hat{\eta}\overline{s_{j.}} + \hat{\beta}' \overline{X_{j.}} \tag{5.7}$$

但是，f 的点估计仍然存在干扰（noisy），这是由于每个企业中观测值的数量太小。因此，我们将在式（5.4）中全部男性和女性的 $\hat{f}$ 的样本均值中，嵌入由式（5.7）估计出的 $\hat{\eta}$ 和 $\hat{\beta}$，这样，我们就可以从存在于个人特征中的不可解释的性别差异的贡献中，区分出不同的企业间的性别隔离的贡献。由此，就得到我们工资差异分解的计量模型。

第三节 变量的选取及统计描述

一 变量的选取

（一）因变量

本书讨论的是劳动力市场上男女性别工资差异，因此我们选择的变量是员工"上个月实际从企业获得的税后工资收入"，为剔除由于不同企业不同工作中员工工作时间的不一致而导致的收入差距，即剔除"加班"会带来的额外收入，我们用员工"上个月平均每周实际工作时间（小时）"将月工资收入换算成"小时工资收入"，并以此作为分析的因变量。在实际操作的时候，按照惯例，我们对工资收入变量取自然对数值，以便使其接近正态分布。

（二）性别特征变量

为了更明确地观察"性别"对劳动者个人工资收入的影响作用，本书将"性别"作为一个单独的解释变量放入工资方程中。在具体的统计模型设定中，性别是一个虚拟变量（女性＝1）。

（三）个人特征变量

在第三章和第四章中，我们已经对个人特征变量的个人收入效应做了比较全面的讨论。在本部分的研究中，我们仅仅选择对个人收入影响最为显著的个人禀赋特征进行讨论：（1）受教育年限，（2）工作经验，（3）工作经验的平方项。

（四）职业特征变量

在本部分的研究中，我们依然选择女性在行业间、行业内、行业内职业间以及行业内职业内的女性比例的分布作为刻画女性职业特征的主要指标。其中，在对全行业进行讨论的时候，该部分的数据主要来自于"2012年雇主—雇员匹配数据"，所选择的职业特征变量主要包括：（1）行业间的女性比例，（2）行业内的女性比例，（3）行业内职业间的女性比例，（4）行业内职业内的女性比例。

(五) 企业特征变量

在本部分的研究中，我们选择如下变量对企业特征进行衡量：(1) 企业中的女性比例；(2) 控股类型（以"私人控股"作为参照组）；(3) 企业规模（以"小型企业"作为参照组）；(4) 企业所在地区，虚拟变量（即：东部地区=1，中西部地区=0；以"中西部地区"作为参照组）；(5) 企业所在城市类型，虚拟变量（省会城市或直辖市=1，其他城市=0；以"其他城市"为参照组）等。

二 变量的统计描述

2012年"匹配数据调查"中，企业样本共350家，企业的规模、控股类型以及工商登记类型分布的比例如表5-1所示。

表5-1　　企业特征的统计描述

	类型	企业数（家）	比例（%）
企业的规模	小型企业	237	67.71
	中型企业	90	25.71
	大型企业	23	6.57
企业的控股类型	私人控股	240	68.57
	国有控股	44	12.57
	集体控股	49	14.00
	港澳台商控股	7	2.00
	外商控股	10	2.86
企业的工商登记类型	国有企业	28	8.00
	集体企业	13	3.71
	股份联合企业	7	2.00
	联营企业	3	0.86
	有限责任公司	117	33.43
	股份有限公司	36	10.29
	私营企业	118	33.71
	港澳台商投资企业	4	1.14
	外商投资企业	14	4.00
	个体经营	10	2.86

由于"企业的工商登记类型"与"企业的控股类型"有较为明显的相互重合，为了避免模型中解释变量的高度相关性，我们仅选择"企业的控股类型"作为重要的企业特征之一。

通过进一步观察企业特征对性别工资差异的影响（如表5-2所示），我们可以发现：（1）个人的收入与企业规模的大小成正比关系，即企业规模越大，个人工资水平越高。在本书中数据中，大型企业的小时平均工资为19.36元，高于小型企业6.42元。（2）性别工资差异普遍存在，其中，小型企业的性别工资差异最高，为2.15元；大型企业次之，为1.96元；中型企业的情形相对较低，仅为0.93元。（3）按控股类型来看，外商控股企业和港澳台商控股企业的小时平均工资最高，分别为24.48元和23.35元，相对于其他控股类型的企业，在个人工资水平上占显著优势；私人控股企业的小时平均工资最低，为13.25元；国有控股企业和集体控股企业相较于私人控股企业，略占优势。（4）所有控股类型的企业中均存在性别工资差异，其中，仅在港澳台商控股企业中，女性的工资收入比男性略占微弱优势，平均小时工资收入高于男性0.08元；在外商控股企业中，男女性别工资差异最高，达到5.60元；在其他控股类型企业中，均低于2.00元。

表5-2　　企业特征对性别工资差异的影响统计描述　　单位：元

		全部样本	女性	男性	性别工资差异
企业规模	小型企业	12.94	11.94	14.09	-2.15
	中型企业	15.01	14.62	15.55	-0.93
	大型企业	19.36	18.37	20.33	-1.96
控股类型	国有控股	14.57	13.73	15.37	-1.64
	集体控股	14.81	14.25	15.68	-1.43
	私人控股	13.25	12.40	14.26	-1.86
	港澳台商控股	23.35	23.39	23.31	0.08
	外商控股	24.48	21.94	27.54	-5.60

我们首先对变量进行统计描述，如表5-3所示。

表5-3　　变量的统计描述

		全部样本	女性	男性	差异
月平均工资（元）		2614.94	2421.90	2844.94	-423.04
月平均工作时间（小时）		190.62	188.35	193.32	-4.97
小时平均工资（元）		14.27	13.44	15.25	-1.81
受教育年限（年）		12.90	13.11	12.65	0.46
工作经验（年）		12.15	11.32	13.15	-1.83
东部地区（%）		47.26	46.40	48.28	-1.88
省会城市或直辖市（%）		70.65	68.98	72.65	-3.67
职业间的分布（%）	单位负责人	6.50	6.10	6.90	-0.80
	专业技术人员	21.10	23.60	18.10	5.50
	办事人员	12.25	14.50	9.60	4.90
	商业服务业人员	40.90	44.10	37.20	6.90
	农副业人员	0.52	0.60	0.50	0.10
	产业工人	18.72	11.20	27.70	-16.50
职业内的分布（%）	单位负责人		51.54	48.46	3.08
	专业技术人员		60.40	39.46	20.94
	办事人员		61.99	38.01	23.98
	商业服务业人员		58.69	41.24	17.45
	农副业人员		61.11	38.89	22.22
	产业工人		32.43	67.27	-34.84
行业间的分布（%）	农、林、牧、渔业	0.75	0.75	0.76	-0.01
	制造业	29.43	24.51	35.31	-10.80
	电力、燃气及水的生产和供应业	1.04	1.07	1.02	0.05
	建筑业	2.58	1.92	3.37	-1.45
	交通运输、仓储和邮政业	3.72	3.36	4.13	-0.77
	信息传输、计算机服务和软件业	3.72	2.94	4.64	-1.70
	批发和零售业	24.93	29.31	19.72	9.59
	住宿和餐饮业	7.14	7.85	6.30	1.55
	金融业	4.56	5.18	3.82	1.36

续表

		全部样本	女性	男性	差异
行业间的分布(%)	房地产业	8.94	8.01	10.05	-2.04
	租赁和商务服务业	3.34	3.63	2.99	0.64
	科学研究、技术服务和地质勘查业	4.27	5.13	3.24	1.89
	水利、环境和公共设施管理业	0.44	0.53	0.32	0.21
	居民服务和其他服务业	2.41	2.40	2.42	-0.02
	教育业	1.25	1.55	0.89	0.66
	卫生、社会保障和社会福利业	0.44	0.64	0.19	0.45
	文化、体育和娱乐业	1.04	1.23	0.83	0.40
行业内的分布(%)	农、林、牧、渔业		53.85	46.15	7.70
	制造业		45.27	54.73	-9.46
	电力、燃气及水的生产和供应业		55.56	44.44	11.12
	建筑业		40.45	59.55	-19.10
	交通运输、仓储和邮政业		49.22	50.78	-1.56
	信息传输、计算机服务和软件业		42.97	57.03	-14.06
	批发和零售业		63.91	36.09	27.82
	住宿和餐饮业		59.76	40.24	19.52
	金融业		61.78	38.22	23.56
	房地产业		48.70	51.30	-2.60
	租赁和商务服务业		59.13	40.87	18.26
	科学研究、技术服务和地质勘查业		65.31	34.69	30.62
	水利、环境和公共设施管理业		66.67	33.33	33.34
	居民服务和其他服务业		54.22	45.78	8.44
	教育业		67.44	32.56	34.88
	卫生、社会保障和社会福利业		80.00	20.00	60.00
	文化、体育和娱乐业		63.89	36.11	27.78

通过表5-3的统计描述，我们可以看出，女性的月平均工资比男性低423.04元，小时平均工资低1.81元。女性的受教育年限略高于男性0.46年，同时，工作经验少于男性1.83年。受教育年限和工作经验作为衡量人力资本累积的重要方面，在时间上具有此消

彼长的特征，对于个人收入的影响程度，最终取决于这两种人力资本投资的回报率的差异。女性就业企业的地理位置在东部地区和省会城市或直辖市的比例均低于男性，由于经济发展的区域差异的存在，这可能会对女性的个人收入产生负面的影响。

观察女性在职业间的分布比例，可以发现：在"匹配数据"的样本中，"商业服务人员"占44.10%，"专业技术人员"占23.60%，"产业工人"占11.20%；与"2010年全国经济普查"的女性职业分布比例相比，"商业服务业"的分布比例基本相同，"专业技术人员"略高，"产业工人"略低，这可能会使得本章的计量结果与第三章和第四章的研究结果略有出入。女性从事"产业工人"的比例达到11.20%，低于男性从事该职业的比例（16.50%），与全国数据的情形相同。女性担任"单位负责人"的比例基本与男性相当，达到6.10%，略低于男性。女性从事"专业技术人员"的比例为23.60%，高于男性5.50%，与全国数据的趋势相同。女性从事"办事人员"的比例高于男性4.90%，低于全国平均水平。

进一步观察女性在职业内的分布比例，我们发现：除了"产业工人"职业内女性就业比例明显低于男性34.84%以外，在所有的职业分类中，女性分布均高于男性，尤其是"专业技术人员""办事人员"以及"商业服务业人员"，女性均高于男性20%左右。

第四节　计量结果

一　工资方程回归

我们首先设定回归模型。

模型1：工资回归方程，被解释变量为小时平均工资的自然对数，解释变量包括性别特征、个人禀赋特征、企业特征以及行业、职业特征等；

第五章 企业间职业隔离对性别工资差异的影响

模型 2 和模型 3：分别针对女性和男性进行工资方程的回归；

模型 4：扣除个人禀赋效应的工资方程；

模型 5：扣除个人禀赋效应与行业职业影响的工资方程。

表 5-4 工资方程 OLS 回归结果

	模型 1	模型 2	模型 3	模型 4	模型 5
女性	-0.152*** (0.0178)			-0.150*** (0.0188)	-0.129*** (0.0163)
工作经验	0.0206*** (0.00226)	0.0119*** (0.00325)	0.0304*** (0.00328)		
工作经验的平方项	-0.000548*** (0.0000538)	-0.000313*** (0.000054)	(0.0000535)		
受教育年限	0.0530*** (0.00303)	0.0552*** (0.00414)	0.0501*** (0.00446)		
东部地区	0.196*** (0.0152)	0.204*** (0.0204)	0.185*** (0.0225)	0.200*** (0.016)	0.236*** (0.0172)
直辖市或省会城市	0.142*** (0.0171)	0.124*** (0.0227)	0.139*** (0.0263)	0.159*** (0.0178)	0.148*** (0.019)
国有控股	-0.152*** (0.0231)	-0.128*** (0.0311)	-0.162*** (0.0348)	-0.0974*** (0.0241)	-0.0441* (0.0257)
集体控股	0.0271 (0.0221)	0.0670** (0.0286)	-0.0014 (0.0347)	0.0362 (0.0233)	0.0519** (0.0249)
港澳台商控股	0.341*** (0.0502)	0.381*** (0.0673)	0.268*** (0.0749)	0.390*** (0.0528)	0.274*** (0.0558)
外商控股	0.201*** (0.0418)	0.184*** (0.0568)	0.253*** (0.0625)	0.180*** (0.0441)	0.312*** (0.0473)
中型企业	0.110*** (0.0181)	0.130*** (0.0239)	0.0644** (0.0279)	0.144*** (0.019)	0.152*** (0.019)
大型企业	0.247*** (0.0273)	0.251*** (0.0372)	0.229*** (0.0411)	0.290*** (0.0287)	0.308*** (0.031)
行业内的女性比例	-0.125 (0.0765)			-0.139* (0.0806)	

续表

	模型1	模型2	模型3	模型4	模型5
职业内的女性比例	0.0569 (0.0709)			0.0249 (0.0746)	
企业内的女性比例	-0.0948*** (0.0342)	-0.219*** (0.0473)	0.0513 (0.0552)	-0.121*** (0.036)	
行业虚拟变量	yes	yes	yes	yes	no
职业虚拟变量	yes	yes	yes	yes	no
截距项	1.661*** (0.072)	1.506*** (0.0648)	1.532*** (0.0767)	2.381*** (0.0634)	2.271*** (0.0205)
N	3445	1873	1572	3445	3445
R^2	0.412	0.449	0.374	0.345	0.178

注：括号中的数字是标准误，***、**和*分别表示显著性水平为1%、5%和10%。

观察模型1，我们发现，与之前的研究相同，女性的性别特征对于个人收入的影响是显著的。教育回报率显著高于工作经验的回报率，因此，受教育年限的增加会有效地弥补推迟就业对个人收入的影响。企业的地理位置及其所处城市的级别，会对雇员的个人收入产生显著的影响；在东部地区和省会或直辖市就业，会得到较高的工资收入。企业的控股类型对个人收入的影响程度相差较大。其中，相对于"私人控股企业"来说，"港澳台商控股企业"对个人收入的正向影响最为显著，"外商控股企业"次之；而"国有控股企业"甚至具有负向影响。这可能证明了，市场化程度越高，企业自主权越独立，由于劳动力市场的竞争更为激烈，劳动力价格也就相应更高。企业规模对个人收入的影响与统计描述中观察到的一样，即个人工资收入水平与企业规模显著正相关。行业内的性别隔离对女性的工资有负向影响，但在统计上并不显著；职业内的性别隔离对女性的工资有正向效应，但影响很小且在统计上并不显著；企业内的性别隔离对女性工资有负向效应，影响虽然不大，却具有统计显著性。

观察模型2和模型3，我们发现：女性的教育回报率高于男性，而工作年限的回报率低于男性，这在很大程度上能够弥补受教育程度较高的女性因从业时间相对较短而带来的人力资本积累的损失。企业控股类型对性别工资的影响存在差别，"港澳台商控股企业"对于女性的个人收入具有显著的正向影响，甚至显著高于男性。企业规模对女性个人收入的正向影响更为显著，规模越大的企业，对女性的性别歧视度越低，越有可能达到男女同工同酬的平等待遇。行业间与职业间女性比例的分布对女性工资收入具有显著影响，但影响程度并不明显，可见，行业间性别隔离与职业间性别隔离对女性的个人工资水平影响不大。行业内女性比例的分布对女性工资收入有显著负向影响，而对男性收入有显著正向影响，可见，行业内的性别隔离会增加性别工资差异。职业内女性比例的分布对男女均产生负向影响，但在统计上并不显著，可见，职业内性别隔离是增加性别工资差异的原因之一，但并不是重要的影响因素。企业中的女性分布比例对女性工资具有显著的负向影响，这很可能是由于，随着经济改革，企业对工资的决定权越来越大，对劳动者的性别有个人偏好的企业管理者进行性别歧视的空间被大大扩展了，他们对劳动者工资收入所能产生的影响也越来越大，这很可能导致女性在企业中从事低收入的职业，在相同职业中获得较低收入，这样一来，男女性别工资差异被扩大了。

在模型4和模型5中，我们分别扣除个人禀赋效应和企业效应来观察行业职业的个人收入效应。

比较模型1和模型4的R^2，我们发现：劳动者可观测的个人特征的解释能力，大大低于企业固定效应和行业职业特征对个人收入效应的影响，即扣除个人禀赋特征的影响，模型1的R^2仅从0.412下降到0.345，劳动者的个人收入仍是主要由企业特征和行业特征进行了解释。

比较模型4和模型5的R^2，我们发现：职业性别隔离（包括行业和职业隔离)对于个人收入效应的解释能力与企业固定效应的影响基本相等,即进一步扣除行业职业特征的影响之后,模型4的R^2从0.345下降到0.178,行业职业特征对劳动者的个人收入效应的影响具有统计显著性。

二 固定效应模型

首先,我们设定研究模型。

模型1和模型2:分别估计女性和男性的工资方程的固定效应模型。

模型3和模型4:在扣除行业职业隔离效应之后,分别估计女性和男性的工资方程的固定效应模型。

在模型的具体设定上,我们以企业作为时间序列变量,个人作为横截面变量进行估计。

表 5-5　　　　　　　　　　固定效应模型

	模型1	模型2	模型3	模型4
工作经验	0.0171*** (0.0028)	0.0276*** (0.00306)	0.0181*** (0.00281)	0.0292*** (0.00307)
工作经验的平方项	-0.000378*** (0.0000803)	-0.000662*** (0.0000779)	-0.000395*** (0.0000807)	-0.000699*** (0.0000783)
受教育年限	0.0498*** (0.00351)	0.0528*** (0.00417)	0.0527*** (0.0035)	0.0528*** (0.00418)
东部地区	0.215*** (0.0371)	0.206*** (0.0357)	0.244*** (0.0383)	0.214*** (0.0366)
直辖市或省会城市	0.124*** (0.0403)	0.128*** (0.0401)	0.117*** (0.042)	0.118*** (0.0411)
国有控股	-0.0966* (0.0566)	-0.135** (0.0549)	-0.0847 (0.0588)	-0.124** (0.0567)
集体控股	0.0606 (0.0522)	0.0362 (0.0519)	0.0354 (0.0545)	0.0231 (0.0538)
港澳台商控股	0.296** (0.134)	0.342*** (0.117)	0.201 (0.14)	0.299** (0.122)

续表

	模型1	模型2	模型3	模型4
外商控股	0.261** (0.103)	0.277*** (0.0994)	0.242** (0.108)	0.268*** (0.103)
中型企业	0.136*** (0.0422)	0.102** (0.0414)	0.129*** (0.0433)	0.0865** (0.0418)
大型企业	0.269*** (0.0761)	0.206*** (0.0711)	0.267*** (0.0796)	0.191*** (0.0737)
行业内的女性比例	−0.640*** (0.197)	0.423** (0.187)		
职业内的女性比例	−0.17 (0.106)	0.00149 (0.156)		
企业中的女性比例	−0.149* (0.08360)	0.0198 (0.083)		
行业虚拟变量	0.00962** (0.00379)	0.00634* (0.00368)		
职业虚拟变量	−0.0315*** (0.00844)	−0.0464*** (0.011)		
截距项	1.878*** (0.11)	1.310*** (0.167)	1.379*** (0.0611)	1.493*** (0.0706)
样本量	1873	1572	1873	1572

注：括号中的数字是标准误，***、**和*分别表示显著性水平为1%、5%和10%。

通过对固定效应模型的估计，在控制了企业的不可观测效应之后，我们观察模型1和模型2，发现：行业内、职业内、企业内与职业间的性别隔离对女性收入产生负向影响，其中，行业内的性别隔离的影响最为显著；行业间的性别隔离对女性收入产生正向影响，该系数值虽然在统计上显著，但影响效果却不大。与不考虑企业固定效应的OLS回归（表5-4模型2和模型3）结果相比，各项解释变量的系数变化不是很大。但值得注意的是，女性的教育回报率会低于男性。

对比模型1、模型2与模型3、模型4，我们发现：如果考虑职业性别隔离的效应，个人资本的回报率将会有所下降，即它们对个人收入的影响作用将会减少，尤其是女性在受教育年限上的回报率下降幅度大于男性，并拉开差距，低于男性。

总体来说，在控制了企业效应之后，职业性别隔离对性别工资差异的影响并没有发生太大的变化。

第五节　结论

在本章的研究中，我们主要通过在控制企业的影响之后，通过建立固定效应模型，进一步分析职业性别隔离对于性别工资差异的影响。但是，通过研究，我们并没有发现职业性别隔离的影响机制和影响效果发生太大的变化。

在研究过程中，我们还发现其他一些有益的结论。

劳动者可观测的个人特征的解释能力，大大低于企业固定效应和行业、职业特征对个人收入效应的影响，即扣除人力资本变量的影响，劳动者的个人收入仍主要由"企业特征"和"行业、职业特征"解释。

职业性别隔离（包括行业和职业隔离）对于个人收入效应的解释能力与企业固定效应的影响基本相等，即进一步扣除行业、职业特征的影响之后，行业、职业特征对劳动者的个人收入效应的影响仍然具有统计显著性。

企业的控股类型对个人收入的影响程度相差较大。其中，相对于"私人控股企业"来说，"港澳台商控股企业"对个人收入的正向影响最为显著，"外商控股企业"次之，而"国有控股企业"甚至具有负向影响。这可能证明了，在市场化程度越高、企业自主权越独立的企业中，由于劳动力市场的竞争更为激烈，劳动力价格也就相应更高。企业规模对个人收入的影响与统计描述中观察到的一样，即个人工资收入水平与企业规模显著正相关。企业规模对女性个人收入的正向影响更为显著，规模越大的企业，对女性的性别歧视度越低，越有可能达到男女同工同酬的平等待遇。

　　行业间性别隔离与职业间性别隔离对女性的个人工资水平影响不大；行业内的性别隔离会增加性别工资差异；职业内性别隔离是增加性别工资差异的原因之一，但并不是重要的影响因素；企业中的女性分布比例对女性工资具有显著的负向影响，这很可能是由于，随着经济改革，企业对工资的决定权越来越大，对劳动者的性别有个人偏好的企业管理者进行性别歧视的空间被大大扩展了，他们对劳动者工资收入所能产生的影响也越来越大，这很可能导致女性在企业中从事低收入的职业，在相同职业中获得较低收入，这样一来，男女性别工资差异被扩大了。

第六章 研究结论

一 职业隔离水平总体上呈现日趋下降的趋势

中国劳动力市场上的职业性别隔离程度随着经济发展有日趋下降的趋势。在20世纪80年代,中国劳动力市场上的职业性别隔离程度一度加剧;但从90年代开始,职业性别隔离程度开始慢慢下降。导致中国职业性别隔离指数下降的一个重要原因,就是女性劳动力在向管理层、技术层的职业领域扩张。在20世纪80年代初期,男性在管理性质和有专业技术要求的职业中占绝对的优势地位;而到90年代,女性劳动力在这两个职业领域中的比例迅速攀升,在专业技术人员的职业中,女性的比例甚至超过了男性。尽管21世纪以来,女性的这种职业扩张趋势有所停滞,但已经足以改变在所有职业中女性的分布格局。另一个重要原因是,从农副业人员中解放出来的劳动力,向商业服务业人员和产业工人两个职业类型中转移。其中,女性向商业服务业人员中转移的比例较大,男性向产业工人中转移的比例较大。导致这些变化趋势的主要原因在于国家的经济改革。整个产业结构的调整,导致了劳动力从第一产业向第二、第三产业大规模的转移,同时也引起了这三大产业中相应职业的性别分布发生大规模调整。

虽然男性仍在"单位负责人"这一具有权威性、社会声望高的职业中具有明显优势,但是我们发现,随着市场经济体系的发展越发成熟,女性在该职业中分布比例的涨幅越大。尽管该职业中的性别隔离水平仍然很高,但笔者认为存在降低的趋势。专业技术人员,也是一种男性具有优势的高声望的职业类型。虽然女性在该职业中的比例也大幅上升，但笔者认为，该职业仍然排斥女性，职业隔离水平还有可能增加。在商业服务业人员和产业工人两个职业中，女性在前者中所占比例稳步上升，在后者中慢慢下降，并与男性从业比例基本相等。笔者认为这种变化有可能是女性与男性的自然禀赋差异所导致的社会分工不同，而并非是劳动力市场歧视的影响。从"性别类型职业"的分布来看，中国劳动力市场中有近 1/3 的职业类型为"男性职业"，严格意义上的"女性职业"几乎没有。但是，从性别职业的发展趋势上来观察，女性在各个职业种类中的分布比例基本上均有不同程度的提高。即使是在 2000 年和 2010 年同时出现的"男性职业"中，女性比例都均有所上升。这说明，从总体情况上来看，职业内的性别隔离程度呈现出普遍的下降趋势。

二 人力资本投资是影响性别工资差异的主要原因之一

受教育程度和工作经验仍然是对性别工资差异影响最大的两个因素。女性的教育收益率高于男性，而且，学历层次越高，教育回报率越高；同时，女性工作经验的回报率明显低于教育回报率，可见，女性在提高教育水平上获得的优势，远远可以抵偿其由于相应的工作年限较短而导致的收入负向效应。这意味着，对于女性来讲，教育成为提高个人收入的一条重要途径。并且，由于男性的收入在现实中确实高于女性，因此要从整体上缩小性别工资差距，还应进一步提高女性的教育水平。

在我们的数据中还显示，女性在高学历层次上受教育的比例还是低于男性，可见，大力提高女性在高等教育阶段的入学率，加大对女性的教育投资，应该成为我国教育发展需要引起重视的长期任务。从另一方面讲，如果不能从根本上减轻劳动力市场的性别歧视，即使女性的受教育程度能够与男性达到相同水平，性别工资差距仍然会持续存在，甚至扩大。尽管随着经济转型，市场化程度加深，然而劳动力市场上的性别歧视问题仍然存在。因此，建立和完善致力于缩小性别歧视的劳动法规和政策势在必行。

但是，由于男性的工作经验的回报率远远大于女性超过 1 倍，且平均工作经验时间多于女性，完全抵消了受教育程度对性别工资差异的缩小作用。这一方面说明劳动力市场歧视的存在，使得男女即使工作经验相同，也无法得到同样的收入回报。另一方面也说明女性由于身体的自然状况，比男性需要更多的休息时间并受到更多的工作环境的限制；再加上要承担家庭责任，会比男性花更多的时间和精力用来完成家务劳动、照顾家人或者生育子女，这些行为无疑会减少女性的工作时间，并相应减少她们在工作经验上的积累。两者的共同作用，使得"工作经验"成为对扩大性别工资差异贡献最大的变量。

其他人力资本变量——技术等级和管理者等级，对女性收入的回报率均大于男性，但是男性具有更高等级技术职称和担任更高级别管理者的人群比例却均大于女性，所以这两个人力资本变量也共同扩大了性别工资差异。而更高的技术等级和管理者级别，也同时代表着专业技术人员和管理者阶层（单位负责人），通过我们在第三章中的分析可知，这两种职业对于女性的排斥是一直存在的。这也就证明了劳动力市场歧视和职业性别隔离共同对性别工资差异的影响。

随着劳动力市场的充分发展，劳动力市场化本身就可以使得劳动力市场竞争充分，减少人为的制度上的原因对职业性别隔离现象的影响，以及对性别工资差异的影响；对女性的权利的重视、针对女性的人力资本投资的增加，都会使得性别工资差异程度减小；不仅是在社会地位上，更是在经济地位上，慢慢实现男女平等。

三 职业隔离从整体上缩小了性别工资差异

在全部样本中，职业间的性别隔离是扩大性别工资差异的主要原因之一，而行业间的性别隔离、行业内的性别隔离、职业内的性别隔离与企业内的性别隔离一道，不同程度地缩小了性别工资差异。

职业间的性别隔离，成为仅次于受教育程度的加剧劳动力市场歧视程度的第二大影响因素。样本中，女性在工资水平相对较高的单位负责人和专业技术人员职业上的分布比例相对较小，而这两种职业的性别工资差异却反而最高；女性在商业服务业人员职业中从业比例最高，但该职业的工资收入水平相对较低，性别工资差异也相对较小。数据显示，由于女性较集中地就业于低收入职业，即使就业于高收入职业也只能获得相对较低的工资水平，使得男女性别工资差距进一步扩大。可见，职业间的性别隔离对性别工资差异的贡献非常显著。

行业间的性别隔离，在一定程度上减少了性别工资差异。女性集中就业的第二类行业（商业服务业）和第三类行业（文化教育业）的工资水平相对较低，但是性别工资差距也相对较低；虽然第四类行业（技术性行业）的工资水平相对较高，性别工资差距也相对较大，但是女性在该行业就业的比例也相对较小。所以，行业间的性别隔离对性别工资差异的影响并不太大，甚至还减少了性别工资差异，从某种程度上抵消了职业间性别隔离对性别工资差异的扩大作用。

但是，在不同的行业内部，不同形式的职业性别隔离对性别工资差异的影响效应相差非常大。如在制造业企业中，职业内和企业内的性别隔离会缩小性别工资差异，而职业间的性别隔离会扩大性别工资差异，这与全部样本的分析结论是一致的；在贸易餐饮业中，职业间、职业内和企业内的性别隔离虽然均对性别工资差异具有扩效应，但是贡献均非常小。可见，该行业中的职业性别隔离不是造成性别工资差异的主要原因；在科研 IT 业，职业间和职业内的性别隔离缩小了性别工资差异，企业内的性别隔离却扩大了性别工资差异。

四 职业隔离并非全是劳动力市场歧视的结果

女性进入某一个行业和职业，并非一定是劳动力市场歧视所导致的结果，也有可能是女性依照自身的禀赋优势进行选择的自然结果，或者是劳动力市场根据行业、职业特征对劳动者进行淘汰和筛选的自然过程。例如，"生产、运输设备操作人员（即产业工人）"

一直是男性主导的职业之一,虽然女性从事该职业的比例也有所增加,但近三十年间也仅增长了3%左右。这主要还是由于男性天然具有较为强壮的体魄和力量,更适合从事一些对体力要求相对较高的职业,而女性则自然地被"排斥"在外了。女性在行业间与职业间的分布比例对女性收入的提高是有帮助的,也就是说,女性在行业间和职业间的分布虽然不均衡,但是具有一定的合理性。男女在职业间分布的比例不均衡,并非总意味着性别不平等。男女在行业、职业、企业内的分布比例不均衡并非总是由劳动力市场歧视导致的。这有可能是一种自然选择的结果,甚至有些时候,这种分布比例不均衡的情形是有利于女性的。

五 企业特征对性别工资差异的影响也较为显著

在经济相对发达、市场经济体系发展相对成熟的东部地区和省会城市或直辖市的企业中,性别工资差异更大,劳动力市场歧视更为严重;而在国有控股企业中,性别工资差异更小。对于这一现象,可能的解释是,国有控股企业的市场化程度低于非国有控股企业,国有控股企业遵循相对平均的工资决定机制,于是,性别工资差异相对较小;而非国有控股企业由于市场竞争的作用,以及企业管理者掌握更多的工资定价权,更易于受到个人性别偏好的影响,导致性别工资差异相对较大。但是,随着国有控股企业加速改革,减员增效,市场化程度随之提高,国有控股企业和非国有控股企业的用人机制和工资决定机制趋同,不同控股类型的企业间的性别工资差异会日渐缩小。

参考文献

蔡禾、吴小平：《社会变迁与职业的性别不平等》，《社会》2005年第6期。

樊纲、王小鲁、张立文等：《中国各地区市场化相对进程报告》，《经济研究》2003年第3期。

高梦滔、张颖：《教育收益率、行业与工资的性别差异：基于西部三个城市的经验研究》，《南方经济》2007年第9期。

葛玉好、赵媛媛：《工资差距分解方法之述评》，《世界经济文汇》2011年第3期。

葛玉好、赵媛媛：《中国性别工资差距实证研究综述》，《妇女研究论丛》2010年第6期。

晋利珍：《劳动力市场行业分割在中国的验证》，《人口与经济》2009年第5期。

李春玲：《中国职业性别隔离的现状及变化趋势》，《江苏社会科学》2009年第3期。

李实、瞿晶、钱雪亚：《劳动力市场的职业隔离——基于浙江省的分析》，《人口与经济》2009年第1期。

李实、马欣欣：《中国城镇职工的性别工资差异与职业分割的经验分析》，《中国人口科学》2006年第5期。

刘德中、牛变秀：《中国的职业性别隔离与女性就业》，《妇女研究论丛》2000年第4期。

[美]罗纳德·G.伊兰伯格、罗伯特·S.史密斯：《现代劳动经济学——理论与公共政策》（第八版），刘昕译，中国人民大学出

版社 2007 年。

卿石松：《工作特征对性别工资差距的作用》，《经济评论》2011 年第 6 期。

王美艳：《中国劳动力市场上的性别工资差异》，《经济研究》2005 年第 12 期。

吴愈晓、吴晓刚：《1982—2000：我国非农职业的性别隔离研究》，《社会》2008 年第 6 期。

吴愈晓、吴晓刚：《城镇的职业性别隔离与收入分层》，《社会学研究》2009 年第 4 期。

谢嗣胜、姚先国：《我国城市就业人员性别工资歧视的估计》，《妇女研究论》2005 年第 6 期。

杨伟国、陈玉杰、张成刚：《职业性别隔离的测度》，《中国人口科学》2010 年第 3 期。

姚先国、黄志岭：《职业分割及其对性别工资差异的影响——基于 2002 年中国城镇调查队数据》，《重庆大学学报》（社会科学版）2008 年第 14 卷第 2 期。

叶环宝：《职业隔离对性别工资差异的影响——基于 2000 年的 chns 数据》，《人力资源管理》2010 年第 5 期（上）。

易定红、廖少宏：《中国产业职业性别隔离的检验与分析》，《中国人口科学》2005 年第 4 期。

［英］帕美拉·阿博特、［英］克莱尔·威莱丝、［英］梅莉莎·泰勒：《女性主义观点的社会学》，俞智敏等译，巨流图书公司 1996 年版。

曾湘泉：《劳动经济学》（第三版），复旦大学出版社 2017 年版。

张丹丹：《市场化与性别工资差异研究》，《中国人口科学》2004 年第 1 期。

Abbott, P. A. and Wallace, C. D. , "Women Farmers in South West England", *Journal of Gender Studies*, vol. 5, 1996.

Abowd, J. M and Kramarz, F., The Analysis of Labor Markets Using Matched Employer-employee Data, Handbook of Labor Economics, 1999 (a).

Abowd, J. M and Kramarz, F., "Econometric analysis of linked employer-employee data", *Labour Economics*, Vol. 6, 1999 (b).

Abowd, J. M, Haltiwanger, J., Lane, J., "Integrated Longitudinal Employer-Employee Data for the United States", *The American Economic Review*, Vol. 94 (2), 2004.

Abowd, J. M, Kramarz, F. and Margolis, D. N., "High Wage Workers and High Wage Firms", *Econometrica*, Vol. 67, 1999 (c).

Acker, J., "Hierarchies, Jobs, Bodies: A Theory of Gendered Organizations", *Gender and Society*, Vol. 4 (2), 1990.

Altonji, J. and Blank, R., "Race and Gender in the Labor Market", *Handbook of Labor Economics*, Vol. 3C, 1999.

Angrist, D. J., Guido I. W., Rubin, D. B., "Identification of Causal Effects Using Instrumental Variables", *Journal of the American Statistical Association*, Vol. 91, 1996.

Anker, R., "Theories of Occupational Segregation by Sex: An Overview", *International Labor Review*, Vol. 136, 1997.

Bauer, J., Wang, F., Riley, N. E. Zhao, X., "Gender Inequality in Urban China", *Modern China*, Vol. 18 (3), 1992.

Bayard, K., Hellerstein, J. Neumark D., Troske, K., "New Evidence on Sex Segregation and Sex Differences in Wages from Matched Employee-employer Data", *Journal of Labor Economics*, Vol. 21 (4), 2003.

Becker, G. S. (1964) Human Capital: A Theoretical and Empirical Analysis with Special Reference to Education. 3rd Edition, The University of Chicago Press, Chicago.

Becker, G. S., "Human Capital, Effort, and the Sexual Division of Labor", *Journal of Labor Economics*, Vol. 3 (1), 1985.

Bergmann, B. R., "Occupational Segregation, Wages and Profits when Employers Discriminate by Race and Sex", *Eastern Economic Journal*, No. 1, 1974.

Bielby, W. T. and Baron, J. N., "Men and Women at Work: Sex Segregation and Statitical Discriminatio", *American Journal of Sociology*, Vol. 95, 1986.

Bingley, P. and Niels Westergård – Nielsen, "Individual Wages within and between Establishments", *Working Paper (University of Aarhus)*, 1996.

Blackburn, R. M. and Jarman, J., "Gendered Occupations: Exploring the Relationship between Gender Segregation and Inequality", *International Sociology*, Vol. 21 (2), 2006.

Blau, F. and Kahn L., "Gender Differences in Pay", *The Journal of Economic Perspectives*, Vol. 14 (4), 2000.

Blau, F. D. and Beller, A. H., "Trends in Earnings Differentials by Gender, 1971 – 1981", *Industrial and Labor Relations Review*, Vol. 41, No. 4, 1988.

Breiger, R. L., "The Social Class Structure of Occupational Mobility", *American Journal of Sociology*, Vol. 87, 1981.

Brown, R. S., Moon, M. and Zoloth, B. S., "Incorporating Occupational Attainment in Studies of Male-Female Earnings Differentials", *The Journal of Human Resources*, Vol. 15, No. 1 (Winter), 1980.

Bryan, M. L., "Analysing Working Time: Why Use Linked Employer-Employee Data?", 2006.

Bryson, A., Forthand, J. and Barber, C., "Making Linked Employer – Employee Data Relevant to Policy", *DTI Occasional Paper*, No. 4, 2006.

Burgess, S., Lane, J., Stevens, D., "Jobs, Workers and

Changes in Earnings Dispersion", Discussion Paper No. 1714 (CEPR), 1997.

Cai, F. and Yang, D., "*Labour Market Integration: Evidence from Wage Convergence in Manufacturing*", in Garnaut and Song ed., *China: Is Rapid Growth Sustainable*, ANU, Canberra: Asia Pacific Press, 2004.

Charles, M. and Grusky, D. B., *Occupaional Ghettos: The Worldwide Segregation of Women and Men*, Stanford, California: Standford University Press, 2004.

Charles, M. and Grusky, D. B., "Models for Describing the Underlying Structure of Sex Segregation", *American Journal of Sociology*, Vol. 100, 1995.

Charles, M. and Grusky, D. B., "The Past, Present, and Future of Sex Segregation Methodology", *Demography*, Vol. 35, 1998.

Cotter, D. A., Hermsen, J. M., Vannema, R., "Gender Inequality at Work", Prepared for the Russell Sage Foundation and Population Reference Bureau, 2004.

Cotton, J., "On the Decomposition of Wage Differentials", *The Review of Economics and Statistics*, Vol. 70, No. 2, 1988.

Dale-Olsen, H. "Wages, Fringe Benefits and Worker Turnover", *Labour Economics*, vol. 13, 2006.

Datta, Gupta Nabanita, Rothstein, D. S., "The Impact of Worker and Establishment Level Characteristics on Male-female Wage Differentials: Evidence from Danish Matched Employee-employer Data", *Centre for Labour Market and Social Research Working Paper*, 2001.

Davies, R., Welpton, R., "How Does Workplace Monitoring Affect the Gender Wage Differential? Analysis of the Annual Survey of Hours and Earnings and the 2004 Workplace Employment Relations Survey — A Research Note", *British Journal of Industrial Relations*, 2008.

Dickens, William T. and Katz Lawrence, F., "Inter‐Industry Wage Differences and Theories of Wage Determination", *NBER Working Paper Series*, No. 2271, 1987.

Duncan Dudley Otis and Duncan, B., "A Methodological Analysis of Segregation Indexes", *American Sociological Review*, Vol. 20 (April), 1955.

England, P., *Comparable Worth: Theories and Evidence*, NY: Aldine, 1992.

England, P., Folbre, N., "Who Should Pay for the Kids?", *The Annals of the American Academy of Political and Social Science*, Vol. 563, The Silent Crisis in U.S. Child Care, 1999.

England, P., "The Failure of Human Capital Theory to Explain Occupational Sex Segregation", *Journal of Human Resources*, Vol. 17, 1982.

England, P., "The Gender Revolution: Uneven and Stalled", *Gender & Society*, vol. 24 (2), 2010.

England, P., "Wage Appreciation and Depreciation: A Test of Neoclassical Economic Explanations of Occupational Sex Segregation", *Social Forces*, Vol. 62, 1984.

Fortin, N. M., and Huberman, M., "Occupational Gender Segregation and Women's Wages in Canada: An Historical Perspective", *Canadian Public Policy/Analyse de Politiques*, Vol. 28, 2002.

Freeman R., "The Overeducated American", New York: Academic Press, 1976.

Goodman, Leo, A., "Association Models and Canonical Correlation in the Analysis of Cross‐Classifications Having Ordered Categories", *Journal of the American Statistical Association*, Vol. 76, 1981.

Goux, D. and Manrin, E., "Inter‐industry Wage Differentials: The Role of Employers", *Journal of Labor Economics*, Vol. 17, 1999.

Groshen, E., "American employer salary surveys and labor economics research: issues and contributions", *Annales d'économie et de statistique*, 41 (9604), 1996.

Groshen, E. L., "The Structure of the Female/male Wage Differentials: is it Who You Are, What You Do, or Where You Work?", *Journal of Human Resources*, Vol. 26 (3), 1991.

Gross, Edward, "Plus Ca Change…? The Sexual Structure of Occupations over Time", *Social Problems*, Vol. 16, 1968.

Gustafsson, B. and Li, S., "Economic Transformation and the Gender Earnings Gap in Urban China", *Population Economics*, Vol. 13, 2000.

Hakim, C., "Occupational Segregation: A Comparative Study of the Degree and Pattern of the Differentiation between Men and Women's Work in Britain, the United States and Other Countries", *Research Paper*, No. 9, 1979.

Hakim, C., "Refocusing Research on Occupational Segregation: Reply to Watts", *European Sociological Review*, Vol. 9, No. 3, 1992.

Hellerstein, J. K., Neumark, D. and Troske, K. R., "Wages, Productivity, and Worker Characteristics: Evidence from Plant – Functions and Wage Equations", *Journal of Labor Economics*, Vol. 17, No. 3, 1999.

Iranzo, S., Schivardi F. and Tosetti E., "Skill Dispersion and Firm Productivity: An Analysis with Employer – Employee Matched Data", *Journal of Labor Economics*, Vol. 26, No. 2, 2008.

Jacobs, Jerry, A., "Long-Term Trends in Occupational Segregation by Sex", *The American Journal of Sociology*, Vol. 95, 1989.

Jacobs, J. A., 2001. "Revolving Doors: Sex Segregation and Women's Careers", *Social Stratification, Class, Race, and Gender in Sociological Perspective*, New York: Routledge.

Jann, B., "The Blinder-Oaxaca Decomposition for Linear Regression Models", *The Stata Journal*, Vol. 8 (4), 2008.

Korkeamäki, O. and Kyyrä, T., "A Gender Wage Gap Decomposition for Matched Employer – employee Data", *Labour Economics*, Vol. 13, 2006.

Korkeamäki, O. and Kyyrä, T., "Explaining Gender Wage Differentials: Findings from a Random Effects Model", *VATT Discussion Papers*, Vol. 320, 2003.

Korkeamäki, O. and Kyyrä, T., "The Gender Wage Gap and Sex Segregation in Finland", *VATT Discussion Papers*, Vol. 288, 2002.

Kramarz, F., Lollivier, S. and Pelf, L. P., "Wage Inequalities and Firm–specific Compensation Policies in France", *Annalesd' economieet de statistique*, Vol. 41–42, 1996.

Lazear, E. P., Shaw, K. L., "Wage Structure, Raises and Mobility: International Comparisons of the Structure of Wages Within and Across Firms", NBER Working Paper No. 13654, 2007.

Leonard, J. S., Mulkay, B., Van Audenrode, M., "Compensation policies and firm productivity", Contributions to Economic Analysis, in: *The Creation and Analysis of Employer-Employee Matched Data*, Emerald Group Publishing Limited., 1999.

Li, L. and Dong, X., "Economic Transition and the Gender Earnings Gap in Chinese Industry: The Role of Firm Characteristics", *Contemporary Economic Policy*, Vol. 29, No. 1, 2011.

Liu, PW., Meng, X. and Zhang, J., "Sectorial Gender Wage Differentials and Discrimination in the Transitional Chinese Economy", *Journal of Population Economics*, 2000.

Machado, J. A. F. and Mata J., "Counterfactual Decomposition of Changes in Wage Distributions Using Quantile Regression", *Journal of Applied Econometrics (J. Appl. Econ.)*, Vol. 20, 2005.

Melly, B., "Decomposition of Differences in Distribution Using Quantile Regression", *Labour Economics*, Vol. 12, 2005.

Meng, X, "Male-female Wage Determination and Gender Wage Discrimination in China's Rural Industrial Sector", *Labor Economics*, 1998.

Meng, X. and Miller P., "Occupational Segregation and Its Impact on Gender Gap Discrimination in China's Rural Industrial Sector", *Oxford Economic Papers*, Vol. 47, 1995.

Meng, X. and Zhang, J., "The Two-tier Labor Market in Urban China Occupational Segregation and Wage Differentials Between Urban Residents and Rural Migrants in Shanghai", *Journal of Comparative Economics*, 2001.

Merton, R. K., *Social Theory and Social Structure. Glencoe*, IL: Free Press, 1957.

Meyersson Milgrom, E. M., Petersen, T., Snartland, V., "Equal Pay for Equal Work? Evidence from Sweden and a Comparison with Norway and the U. S.", *Scand. J. of Economics*, 103 (4), 2001.

Mincer, J., "Investment in Human Capital and Personal Income Distribution", *Journal of Political Economy*, Vol. 66 (4), 1958.

Mishra, V. and Smyth, R., "Environmental Regulation and Wages in China", *Journal of Environmental Planning and Management*, Vol. 55 (8), 2012c.

Mishra, V. and Smyth, R., "Technological Change and Wages in China: Evidence from Matched Employer-Employee Data", *Working paper*, Vol. 28/12, 2012a.

Mishra, V. and Smyth, R., "Work Hours in Chinese Enterprises: Evidence from Matched Employer-Employee Data", *Discussion paper*, Vol. 10/12, 2012b.

Moore, G., "Horizontal and Vertical: The Dimensions of Occupational Segregation by Gender in Canada", *The CRIAW Papers*, No. 12: Canadian Research Institute for the Advancement of Women, 1985.

Oaxaca, R., "Male - Female Wage Differentials in Urban Labor Markets", *International Economic Review*, Vol 14 (3), 1973.

Openheimer, Valerie, K., *The Female Labor Force in the United States: Demographic and Economic Factors Governing Its Growth and Changing Composition*, Berkeley, California: Insitute for Internatioanl Studies, 1970.

Openheimer, Valerie, K., "The Sex-Labeling of Jobs", *Industrial Relations: A Journal of Economy and Society*, Vol. 7, 1968.

Petersen, T., Snartland, V., Becken, L. E., Modesta Olsen, K., "Within-Job Wage Discrimination and the Gender Wage Gap: the Case of Norway", *European Sociological Review*, Vol. 13 (2), 1997.

Petersen, T. and Morgan, L. A., "Separate and Unequal: Occupation Establishment Sex Segregation and the Gender Wage Gap", *American Journal of Sociology*, Vol. 101 (2), 1995.

Petersen, T. and Morgan, L. A., "Separate and Unequal: Occupation Establishment Sex Segregation and the Gender Wage Gap", *American Journal of Sociology*, Vol. 101 (2), 1995.

Polachek, S. W., "Differences in Expected Post-School Investment as a Determinant of Market Wage Differentials", *International Economic Review*, Vol. 16, No. 2, 1975.

Polachek, S. W., "Occupation Segregation: A Defense of Human Capital Predictions", *The Journal of Human Resources*, Vol. 20, No. 3, 1985.

Polachek, S. W., "Occupational Self-Selection: A Human Capital Approach to Sex Differences in Occupational Structure", *The Review of Economics and Statistics*, Vol. 63, No. 1, 1981.

Reskin, B. and Roos, P., *Job Queues, Gender Queues*, Philadelphia: Temple University, 1990.

Reskin, B. F. and Hartmann, H. I., *Women's Work, Men's Work: Sex Segregation on the Job*, Washington, DC: Natl. Acad. Press, 1986.

Shu, X., "Market Transition and Gender Segregation in Urban China", *Social Science Quarterly*, Vol. 86, 2005.

Shu, X. and Bian, Y., "Market Transition and Gender Gap in Earnings in Urban China", *Social Forces*, Vol. 81, No. 4, 2003.

Spence, M., "Job Market Signaling", *Oxford JournalsEconomics and Social Sciences Quarterly Journal of Economics*, Vol. 87, 1973.

Tak Wing Chan, "Revolving Doors Reexamined: Occupational Sex Segregation over the Life Course", *American Sociological Review*, Vol. 64, (1), 1999.

Thomas, K. Bauer and Sinning, M., "An Extension of the Blinder-Oaxaca Decomposition to Non-Linear Models", *RWI: Discussion Papers*, No. 49, 2006.

Treiman, D. J. and Hartmann, H. I. (eds.), *Women, Work, and Wages: Equal Pay for Jobs of Equal Value*, Washington D. C.: National Academy Press, 1981.

Troske, K. R., *The worker-establishment characteristics database*, in: J. Haltiwanger, M. Manser and R. Topel, ed., *Labor statistics measurement issues*, Chicago, IL: University of Chicago Press for the NBER, 1998.

Willis, R., *Wage determinants: a survey*, in: Orley Ashenfelter and Richard Layard, ed., *Handbook of labor economics*, Amsterdam: North Holland, 1986.